阅读推广人系列教材（第六辑）

中国图书馆学会　编
王余光　霍瑞娟　李东来　总主编

中学生阅读推广

主　编　费　巍
副主编　孔玲燕　杨利清　俞建英

Reading Promotion
for
Secondary School

朝华出版社
BLOSSOM PRESS

图书在版编目（CIP）数据

中学生阅读推广 / 费巍主编 . -- 北京：朝华出版
社，2022.3
阅读推广人系列教材 . 第六辑
ISBN 978–7–5054–4579–6

Ⅰ . ①中… Ⅱ . ①费… Ⅲ . ①中学生—读书方法
Ⅳ . ① G792

中国版本图书馆 CIP 数据核字（2021）第 241349 号

中学生阅读推广

主　　编　费　巍
副 主 编　孔玲燕　杨利清　俞建英

选题策划　张汉东
责任编辑　韩丽群
责任印制　陆竞赢　崔　航

出版发行　朝华出版社
社　　址　北京市西城区百万庄大街 24 号　　　　邮政编码　100037
出版合作　（010）68995532
订购电话　（010）68996050　68996618
传　　真　（010）88415258（发行部）
联系版权　zhbq@cipg.org.cn
网　　址　http://zhcb.cipg.org.cn
印　　刷　天津融正印刷有限公司
经　　销　全国新华书店
开　　本　710mm×1000mm　1/16　　　　　字　　数　136 千字
印　　张　10
版　　次　2022 年 3 月第 1 版　　2022 年 3 月第 1 次印刷
装　　别　平
书　　号　ISBN 978–7–5054–4579–6
定　　价　59.00 元

阅读推广人系列教材
编委会

主　编　王余光　霍瑞娟　李东来

编　委　（按姓氏音序排列）

总　序

由中国图书馆学会（以下简称"中图学会"）主持编写的丛书"阅读推广人系列教材"，是中图学会"阅读推广人"培育行动的一部分。

自 2005 年中图学会设立科普与阅读指导委员会（2009 年更名为"阅读推广委员会"）以来，各类型图书馆逐步重视开展阅读推广活动，并取得了丰硕的成果。在阅读推广过程中，很多图书馆面临不少问题，其中没有适合从事阅读推广的馆员是一个重要问题，而这对图书馆阅读推广活动能否持续、有效、创新地开展，将产生重要的影响。

鉴于此，中图学会阅读推广委员会于 2013 年 7 月，在浙江绍兴图书馆举办了"首届全国阅读推广高峰论坛"。这一论坛的目的是为图书馆免费培训阅读推广人，造就一支理念新、专业强、技能高的阅读推广人才队伍。首届论坛获得了图书馆界同人极高的评价。此后，在 2014 至 2015 年，中图学会阅读推广委员会又在常熟、石家庄、镇江、成都、临沂举办了五次免费培训，都取得了良好效果。

在绍兴阅读推广人培训之后，中图学会阅读推广委员会便着手考虑培训的专业化与系统性。为了更好地将阅读推广人培训工作顺利推进，委员会于 2014 年 7 月为中图学会制订了《培育阅读推广人行动计划（草案）》。该草案分四个部分：前言、培训课程体系与教材、专家组织、考核与能力证书授予等。关于阅读推广人，"前言"中写道：

"阅读推广人"是具有一定资质，可以开展阅读指导、提升读者阅读兴趣和阅读能力的专业与业余人士。

全民阅读、阅读推广，是立足中国文化、提高中华民族素质与竞争力的重要举措，近两年来受到政府与社会的广泛关注。为了推动全民阅读工作规范有效开展，培训"阅读推广人"是十分重要与必要的，也是很多机构，如学校、图书馆、大型企业、宣传部门十分需要的。

中国图书馆学会长期以来开展阅读推广活动，积累了丰富的经验，并拥有一批该领域的专家学者，从事全民阅读与阅读推广研究，他们承担课题或从事教育培训，取得了一定的成果，为进一步开展"阅读推广人"的培训、资格认证提供了重要的基础。作为以促进全民阅读，为读者终身学习提供保障为目标和社会责任的图书馆，应当成为阅读推广人培养与成长的摇篮。

中国图书馆学会为了更好地帮助图书馆、学校、大型企业、宣传部门等机构开展阅读推广工作，将阅读推广人培训作为一项长期工作。为了培训工作更好与规范地开展，特制订《培育阅读推广人行动计划》。参加培训的学员，通过一定的考核，中国图书馆学会将授予学员"阅读推广人"资格证书。

2014 年 12 月 11 日，中图学会阅读推广委员会举办的"全民阅读推广峰会暨'阅读推广人'培育行动启动仪式"在常熟图书馆举行。会上，中图学会正式启动"阅读推广人"培育行动。

在"阅读推广人"培育行动中，教材的编写成为首要任务。这套"阅读推广人系列教材"是国内首套针对阅读推广人的教材。由于没有相关的参考著作，教材可能还存在一些不足。在今后的使用过程中，对教材中存在的问题与不足，主编将做进一步的修订与完善。这套教材的问世，对中国阅读推广人的培育将发挥积极的推动作用。

"阅读推广人系列教材" 编委会

前　言

　　"立身以立学为先，立学以读书为本"，读书对人生观、世界观和价值观有着重要的影响，古今如此。阅读推广要特别关注未成年人这一特殊群体，尤其是中学生，因为中学是人生发展的重要阶段，不仅身体发育走向成熟，也是心智逐步健全的重要时期。我们倡导中学生阅读，培养其阅读兴趣和习惯，提高其阅读能力，让中学生在阅读过程中拓宽视野，体会人类社会的气象与文化，学习世界优秀文化，提升语言文字能力和思想文化修养。

　　本书围绕"中学生阅读推广"这个主线，分八讲来阐述。前两讲围绕国内外中学生阅读推广的现状进行阐述，详细介绍了新式教育的兴起、近现代中学生的阅读发展，以及欧美国家和我国港台地区的中学生阅读推广实例。第三讲介绍了中学生阅读能力的评估，从评估方法、国际学生评价项目、阅读方法入手，分别从家庭、学校和公共图书馆三方进行中学生阅读的指导。第四讲论述了中学生阅读推广活动的策划与实施，分别从策划、实施和效果评估三方面进行阐述，通过案例分享深入浅出地讲解了阅读推广活动的实践过程。第五讲为中学生阅读推广平台介绍，详尽罗列了读书会、广播与电视、报纸期刊和网络媒体等阅读推广形式。第六讲从中学图书馆这一重要阵地出发，介绍了中学生图书馆建设、文献资源、服务提升以及公共图书馆参与中学图书馆建设的实例。第七讲和第八讲分别从中学生阅读的时代性和个性特点入手，介绍了数字阅读和英文阅读，并为中学生阅读编制了推荐书目，倡导学生经典阅读。

　　校园图书馆建设和校园阅读推广近年来愈发受到重视，其建设和评估都有一些标准来规范，但图书馆的建设、阅读氛围的营造、阅读习惯的培养绝非一朝一夕可以完成，需要学校和社会一起努力。这本教材，首先将基础性的知识条理化，具有工具书的性质，便于中学生阅读推广人掌握；其次运用案例来阐述要点，理论联系实际；再者指导编制中学生阅读推荐书目，倡导经典阅读，丰富学生精神世界。我们希望这本书是一本平实的教材，能够对中学生阅读推广工作起到积极的推动作用。

编 者

2020 年 2 月

目 录

第一讲
我国中学生阅读的发端与发展

　　中学生阶段是毕生阅读的重要时期，此时人处于生理和心理的快速发展期，记忆力和理解力都是最强的。如何选择优秀的适合中学生阅读的读物以及进行阅读指导，对于中学生的成长至关重要。近代以来，随着新式教育的兴起，中学生阅读受到普遍重视。1932年，国民政府教育部发布《中学生阅读参考图书目录（第一辑）》，内容以商务印书馆出版的万有文库为基础，包括国学基本丛书、国学小丛书、新时代史地丛书、百科小丛书、汉译世界名著、学生国学丛书、算学小丛书、师范小丛书、体育小丛书、医学小丛书共10大类394种图书。2011年12月28日教育部发布《义务教育语文等学科课程标准（2011年版）》[①]，并于2012年秋季开始执行。在《义务教育语文课程标准》附录1《优秀诗文背诵推荐篇目》中推荐给初中生的有61篇，附录2《关于课外读物的建议》，内容包括童话、寓言、故事、诗歌散文作品、长篇文学名著、科普科幻作品等。2013年4月23日发布的《中学生阅读行动指南》，该书目分初中、高中两部分，涉及文学、历史、哲学、科学、社科、艺术、博物七个领域，每个领域又分基本书目和拓展书目两部分，共计153本。2017年12月29日，教育部发布了《普通高中课程方案和语文等学科课程标准（2017年版）》[②]，并于2018年秋季开始执行，在《普通高中语文课程标准》（2017版）中附录1是《古诗文背诵推荐篇目》，包括文言文32篇，诗

---

① 中华人民共和国教育部. 义务教育语文课程标准（2011年版）[M].北京：北京师范大学出版社，2012.

② 中华人民共和国教育部. 普通高中语文课程标准（2017年版）[M].北京：人民教育出版社，2018.

词曲 40 首。附录 2 是《关于课内外读物的建议》，内容包括对文化经典著作、诗歌、小说、散文、剧本、语文文学理论著作、当代文学作品、科学与人文方面的各类读物等课内外读物阅读的建议。从 2007 年开始，国家新闻出版管理部门开始为青少年推荐优秀出版物书目。

阅读是需要推动的，如何把阅读变成一个青少年的终生爱好和习惯，是需要培育和倡导的。理解中国基础教育的现状，才能更好地进行中学生阅读推广。在中小学阶段，课程是实现教育目的的重要途径，是组织教育教学活动的最主要的依据，是集中体现和反映教育思想和教育观念的载体，因此，课程居于教育的核心地位。课程标准是国家课程的基本纲领性文件，是国家对基础教育课程的基本规范和质量要求。课程标准在中学教育中的地位是无法动摇的，因此，对中学生进行阅读推广就应该和课程标准保持一致。义务教育阶段语文新课标要求学生 9 年课外阅读总量须达 400 万字以上，高中阶段语文新课标要求学生在课内外加强阅读，培养阅读的兴趣和习惯，提升阅读品位，掌握阅读方法，提高阅读能力，让学生在阅读中拓宽视野，领略人类社会气象与文化，体验中华优秀传统文化、革命文化和社会主义先进文化，提高语言文字运用能力与思想文化修养，丰富精神世界。

第一节　新式教育的兴起

鸦片战争时期经世致用精神的复兴，其实质是近代学制产生的先兆。甲午战败，维新变法运动兴起，郑观应、康有为、梁启超、严复、李端棻等都提出有关学校建设的思想，教育救国已经成为社会各界的共识。1899 年，清光绪帝颁布《饬各省开办中学和小学谕旨》，全国书院改成新式学堂，书院藏书失去原有的形态，开始逐渐过渡到近代学校图书馆。1901 年八月初二谕于各省、府、直隶州及各州、县分别将书院改设为大、中、小学堂。1903 年，张百熙与荣庆、张之洞共同制定了《奏定学堂章程》（癸卯学制）[①]，1904 年得到批准颁布实施。它的诞

---

① 璩鑫圭，唐良炎. 学制演变［M］. 上海：上海教育出版社，2007：9.

生，标志着中国近代学制正式建立。学制的颁布，加速了科举制度的灭亡，促进了新教育的发展。学制颁布之后，全国各地开始试办新式学堂，中小学堂开始在中国兴起。1912 年 9 月教育部向全国颁布《学校系统令》，即"壬子学制"[①]，次年，又陆续公布各级各类学校令，如《小学校令》《中学校令》等，合称"壬子·癸丑学制"[②]。它的颁行使学校教育事业在数量上有很大的发展，推进了中国教育近代化的进程。1922 年，北洋政府颁布了中国近代第三部学制即"壬戌学制"，原名"学校系统改革案"，又称"1922 年学制"[③]。中国近代三部学制的交替出现对中国教育近代化产生了积极的推动作用[④]。民国初年发起的"新教育运动"，深受 20 世纪初期国际教育思潮与运动，特别是美国"进步主义教育运动"和欧洲"新教育运动"的深刻影响，主张尊重个性、尊重儿童，提倡教育联系生活，推动和促进了中小学教育的发展。新式教育的兴起，推动了近代出版业的发展，特别是中小学教材和儿童读物的出版，成为民国出版业一道亮丽的风景，为中学生阅读提供了坚实的资源基础。民国时期中学图书馆的发展，为中学生阅读推广提供了保障。

第二节　近代中学生读物与作家

一、近代中学生读物

鉴于经费短缺导致图书设备的缺乏和疏于采选，1932 年 10 月国民政府教育部工作报告中提出"通令各省市教育厅局，令发中学生阅读参考图书目录"[⑤]，提出从商务印书馆万有文库中挑选适合中学生阅读参考的图书编制目录分发各中等学校，以供中学生阅读参考。从 1932 年 11 月开始甘肃省教育厅、北平市社会

---

① 钱曼倩，金林祥.中国近代学制比较研究［M］.广州：广东教育出版社，1996：10–11.

② 同① 11–12.

③ 同① 300.

④ 同① 3.

⑤ 教育部.中学生阅读参考图书目录［R］.武昌：湖北教育厅公报，1933（4）：63–69.

局，1933 年 2 月青岛市教育局、山东省教育厅、四川省教育厅、江西省教育厅、云南省教育厅，1933 年 3 月湖北省教育厅、安徽省教育厅、察哈尔省教育厅，1933 年 4 月河北省教育厅、广西省教育厅陆续发布训令，令各县教育局、省私立各中等学校遵循教育部的通知，购买《中学生阅读参考图书目录（第一辑）》[①]（共计 404 种），具体包括国学基本丛书 56 种、国学小丛书 35 种、新时代史地丛书 48 种、百科小丛书 159 种、汉译世界名著 8 种、学生国学丛书 35 种、算学小丛书 19 种、师范小丛书 25 种、体育小丛书 9 种、医学小丛书 10 种。

为了加强中学生阅读，华东基督教会的赵传家专门编制了《中学图书馆最低限度书目》[②]，此书目专为中等学校图书馆应备，分类详列，补文库所未备。当时国内基督教学校因经费缺乏，图书设备都很简陋，为此决定从 1930 年秋开始拟定中学图书馆最低限度书目，历经五六月，于 1931 年 4 月完成。不仅对基督教学校有所贡献，其他公私立中学也可以作为参考。只是中学的最低限度的书目，不包括小学阶段。通过问卷和实地走访，确定初高中的用书。选择根据当时最新的 40 余种书目而成，全部书目分为急要、次要和普通三种，同时以符号标明之。书目包括当时的价格。书目专供普通中学用，不包括专科学校、职业学校或其他特种中学。书目分为十大类：总类、社会科学类、哲学类、文学类、艺术类、自然科学类、应用技术类、语言学类、历史类、地理类，其中自然科学类包括外文书目。当时中日关系紧张，作者要求把其所辑的"对日问题研究书目"中的 50 本书录在后面，无论反对还是赞成，都要了解它，国民都有研究对日问题之必要。

除了上述大部头的推荐读物外，就某一学科还有专门的推荐读物，如适合中学生阅读的 6 本社会科学书，包括《社会科学概论》《现代世界观》《社会进化史大纲》《社会意识学大纲》《经济决定论》《经济科学概论》等。适于中学生课外阅读的生物学书，主要有关于动物学的、关于植物学的、关于生物学通论的、关于进化理论和遗传理论的、关于古生物学的、关于实验研究的工具书、趣味读物、高等的参考书等 8 大类。除了图书，还有推荐适合中学生阅读的杂志 14 种，包括《中学生》《东方杂志》《申报月刊》《时事月报》《日本评论》《图书评论》《人文月刊》

---

① 教育部 . 中学生阅读参考图书目录（第一辑）[J]. 云南教育行政周刊，1932（46/47）：42–44.
② 赵传家 . 中学图书馆最低限度书目参考书 [J]. 中华基督教育季刊，1932（1/2）：31–147.

《新亚细亚》《读书月刊》《现代学生》《英语周刊》《中国评论周报》《中国民声》，以及《米勒氏评论报》等。

二、近代中学生作家

近代为中学生写作和编辑出版图书报刊的作家，大多既有广博的知识又有丰富的中学教学经历，比如《中学生》杂志的编辑夏丏尊、章锡琛、叶绍钧、顾均正。

第三节　现代中学生读物与作家

一、现代中学生读物

为贯彻落实《中共中央国务院关于进一步加强和改进未成年人思想道德建设的若干意见》和《关于进一步加强和改进未成年人出版物出版工作的意见》，为青少年提供更多的优秀精神食粮，充分发挥优秀出版物的社会效益，促进全民阅读活动的开展，从 2007 年开始，国家新闻出版管理部门决定向青少年推荐百种优秀出版物。截至 2018 年，已向全国青少年推荐上千种优秀出版物，除了启蒙益智、图画绘本类之外，大部分适用于中小学生，2016—2017 年的推荐读物具体如下（见表 1–1、表 1–2）：

表 1–1　国家新闻出版管理部门 2016 年向全国青少年推荐百种优秀出版物目录
（除启蒙益智、图画绘本类）

一、图书类（67 种）		
（一）思想励志、人文历史类（20 种）		

序号	书名	作者	出版单位
1	习近平总书记系列重要讲话读本（2016 年版）	中共中央宣传部 / 编	学习出版社、人民出版社
2	中国共产党的九十年	中共中央党史研究室 / 著	中共党史出版社、党建读物出版社

续表1

序号	书名	作者	出版单位
3	"一带一路"热点问答	当代世界研究中心 / 编	学习出版社
4	重读抗战家书	中共中央宣传部宣传教育局 / 编	中华书局
5	永远的雷锋	安安 / 编著	长春出版社
6	社会主义核心价值观青少年故事读本	王九菊 / 主编，乔忠延 / 著	山西人民出版社
7	中华好故事·爱国励志	《中华好故事》栏目组 / 编写	浙江少年儿童出版社
8	文明基因·孝诚爱	林建宁 / 编著	山东教育出版社
9	长征路上的"红小鬼"——纪念红军长征胜利80周年	陈洪生 / 主编	江西高校出版社
10	光阴：中国人的节气	申赋渔 / 著	江苏凤凰美术出版社
11	院士的中学时代	雷宇、王兵 / 编著	湖北人民出版社
12	走出地球村	李鸣生 / 著	四川少年儿童出版社
13	致未来的你——给男孩的十五封信	徐鲁 / 著	青岛出版社
14	唐宋八大家故事集	东方慧子 / 主编	武汉大学出版社
15	允许我流三滴泪	赵静 / 著	河北少年儿童出版社
16	人生智慧丛书	王爱玲 / 主编	河北教育出版社
17	甲骨文的故事	董作宾、董敏 / 著	海南出版社
18	中华家训智慧	郦波 / 著	新蕾出版社
19	傅敏编傅雷家书（学生读本）	傅雷、朱梅馥、傅聪 / 著	天津社会科学院出版社
20	"名人家风"丛书	徐梓 / 主编	大象出版社

（二）科学科普、百科知识类（18种）

序号	书名	作者	出版单位
1	博物人生	刘华杰 / 著	北京大学出版社
2	我们的家园·环保科普丛书	韩雪 / 主编	黑龙江少年儿童出版社
3	猿猴家书	张鹏 / 著	商务印书馆
4	世界恐龙大百科	董枝明 / 编著，央美阳光 / 绘	化学工业出版社
5	虫虫	韩开春 / 著	百花文艺出版社
6	蚂蚁之美：进化的奇景	冉浩 / 编著	清华大学出版社
7	我是碳	邱林 / 著	九州出版社

续表2

序号	书名	作者	出版单位
8	昆虫漫话	陶秉珍／著	新星出版社
9	"神奇的海贝"科普丛书	张素萍等／主编	中国海洋大学出版社
10	中国艺术经典	游江／著	上海书画出版社
11	自然老师没教的事	张蕙芬／著，黄一峰／摄影，林松霖／绘图	商务印书馆
12	与科学家同行	曹一鸣等／编著	南京师范大学出版社
13	防恐应急手册（汉文）	张玉波等／编著，董少飞／绘画	新疆人民出版社
14	大人孩子都能懂的时间简史	泡爸／著，泡泡／插图	湖南科学技术出版社
15	生命的传奇故事·地球活了	向南等／编著	中国少年儿童新闻出版总社
16	你想都想不到的200个科学谣言	（美国）埃米莉·克里格／著，（美国）汤姆·尼克·可可特斯／绘，陈曦等／译	浙江教育出版社
17	星际穿越——电影幕后的科学事实、有根据的推测和猜想	（美国）基普·索恩／著，苟利军、王岚、李然等／译	浙江人民出版社
18	人类简史：从动物到上帝	（以色列）尤瓦尔·赫拉利／著，林俊宏／译	中信出版集团

（三）儿童文学、青春文学类（29种）

序号	书名	作者	出版单位
1	火印	曹文轩／著	天天出版社
2	蘑菇圈	阿来／著	长江文艺出版社
3	楚楚的离歌	沈涛／著	中国少年儿童新闻出版总社
4	旗驼	格日勒其木格·黑鹤／著	吉林出版集团股份有限公司
5	渔童	赵丽宏／著	福建少年儿童出版社
6	天上的船	殷健灵／著	云南晨光出版社
7	一百个孩子的中国梦	董宏猷／著	二十一世纪出版社
8	"熊小雄成长记"系列	孙卫卫／著	湖南少年儿童出版社
9	奇妙学校：男生部落、女生部落	郑春华／著	少年儿童出版社
10	微纪元	刘慈欣等／著	北京理工大学出版社
11	太阳宫	叶广芩／著	陕西太白文艺出版社

续表3

序号	书名	作者	出版单位
12	天青	李秋沅/著	福建少年儿童出版社
13	灵狐少年	彭懿/著	云南晨光出版社
14	青苔街往事	杜梅/著	人民文学出版社
15	"约克先生"系列	朱奎/著，沈苑苑/绘	二十一世纪出版社
16	我要努力去长大	徐玲/著	浙江少年儿童出版社
17	红辣椒书系	邓湘子、牧铃、毛云尔、周静、谢宗玉/著	湖南少年儿童出版社
18	"小熊包子"系列	宇志飞翔/作品	少年儿童出版社
19	兔子作家	张炜/著	安徽少年儿童出版社
20	水獭男孩	小河丁丁/著	江苏凤凰少年儿童出版社
21	"牧铃动物文学"系列	牧铃/著	接力出版社
22	魔术师的荣耀	王秀梅/著	山东教育出版社
23	曹文轩说故事	曹文轩/著，邹晓萍等/绘	明天出版社
24	弯弯的辛夷花	张之路/著	天天出版社
25	太阳小时候是个男孩	李珊珊/著	四川少年儿童出版社
26	芝麻开门系列	祁智/著	江苏凤凰美术出版社
27	喵卷卷来了	段立欣/著	辽宁少年儿童出版社
28	淘气大王董咚咚·雷霆双少	许诺晨/著	安徽少年儿童出版社
29	拯救天才	王林柏/著	大连出版社

二、音像电子类（22种）

序号	出版物名称	载体	出版单位
1	正道——社会主义核心价值观影像读本	DVD	山东电子音像出版社
2	劳动铸就中国梦	DVD	学习出版社、中国国际电视总公司
3	抗战史上的今天	DVD	中央教育科学研究所音像出版社
4	延安儿女的故事	DVD	中国人民大学出版社
5	共和国不会忘记	DVD	解放军音像出版社
6	台湾光复	DVD	九洲音像出版公司
7	西藏	DVD	北京电子音像出版社

序号	书名	载体	出版单位
8	翻开这一页	DVD	湖南电子音像出版社
9	美丽乡村	DVD	五洲传播出版社
10	指尖上的传承	DVD	五洲传播出版社
11	中华经典资源库——精品选集	DVD	人民教育电子音像出版社
12	中华古诗文经典诵读	DVD	江苏凤凰电子音像出版社
13	记住乡愁（第一季）	DVD	中央教育科学研究所音像出版社、 中国国际电视总公司
14	雷锋	DVD	中国青少年音像出版社
15	阿福寻规记	DVD	福建电子音像出版社
16	认识湿地三部曲	DVD	中国林业出版社
17	节水总动员	DVD	奔流电子音像出版社
18	熊猫故事	DVD	北京科影音像出版社
19	我的爷爷是抗联	DVD–ROM	吉林音像出版社
20	中国历史百科地图	DVD–ROM	中国大百科全书电子音像出版社
21	好玩的汉字	DVD–ROM	人民教育电子音像出版社
22	新学堂歌1—2	CD	北京联合出版有限责任公司

表1–2　2017年向全国青少年推荐百种图书类优秀出版物推荐书目（除启蒙益智、图画绘本类）

一、图书类（65种）		
（一）思想励志、人文历史类（25种）		
序号	书名	作者	出版单位
1	习近平总书记系列重要讲话读本（2016年版）	中共中央宣传部／编	学习出版社、人民出版社
2	伟大也要有人懂：一起来读毛泽东	韩毓海／著	中国少年儿童出版社、北京大学出版社
3	马克思靠谱	内蒙轩／主编	东方出版社
4	生死关头——中国共产党的道路抉择	金冲及／著	生活·读书·新知三联书店
5	重读先烈诗章	中共中央宣传部宣传教育局／编	中华书局

续表1

序号	书名	作者	出版单位
6	红军长征史：青少年图文版	张树军、杨婷/编著	万卷出版公司
7	中国故事：中华文明五千年	中共北京市委宣传部等/编写	北京出版社
8	人民公仆焦裕禄	师东、刘宏伟/主编，姜荣根/绘	吉林出版集团
9	文明之光	吴军/著	人民邮电出版社
10	中国航天人的故事	吴卓/主编	中国宇航出版社
11	我是小小中国通：十万零一个为什么	王萍/主编	上海教育出版社
12	穿越历史看孔子	文溪/著	未来出版社
13	雪岗中国历史故事集	雪岗/编著	中国少年儿童出版社
14	家风家训：王立群智解成语	王立群/著	大象出版社
15	中国红旗渠	郑雄/著	河南文艺出版社
16	"抵御外侮——中华英豪传奇"丛书	张海鹏/主编	南京出版社
17	为英雄正名	赵锋/著	山西教育出版社
18	中国精神·我们的故事	李炳银/主编	希望出版社
19	开讲啦：做一个有趣的人	中央电视台综合频道节目部/编著	中信出版社
20	"中华民族传统美德"丛书	卢祥之、牛秀清/主编	山东教育出版社
21	中国诗词大会	《中国诗词大会》栏目组/编	中华书局
22	钱学森传	叶永烈/著	中国青年出版社
23	博物馆里的中国	宋新潮、潘守永/主编	新蕾出版社
24	建筑里的中国	蒲肖依/著	外文出版社
25	致成长中的你——十五封青春书简	殷健灵/著	长江文艺出版社

（二）科学科普、百科知识类（15种）

序号	书名	作者	出版单位
1	太空日记：景海鹏、陈冬太空全纪实	刘思扬/主编	四川科学技术出版社
2	从杨振宁到屠呦呦：科学天空里的华人巨星	杨建邺/著	武汉出版社
3	建筑小学	楼庆西/著	清华大学出版社
4	节气的呢喃与喊叫	谈正衡/著	万卷出版公司
5	给孩子讲量子力学	李淼/著	民主与建设出版社

序号	书名	作者	出版单位
6	海洋精灵视界	孟庆然 / 著	电子工业出版社
7	植物不简单	顾洁燕、徐蕾 / 主编	上海科技教育出版社
8	拥抱群星：与青少年一同走近天文学	卞毓麟 / 著	上海科学普及出版社
9	365 夜四季百科全书	孙全民、张冲等 / 编著	辽宁少年儿童出版社
10	图解时间	李孝辉 / 著	科学出版社
11	月光下的幻梦	金涛 / 著	湖南教育出版社
12	你一定没听过的神秘动物故事·科幻系列	沈石溪 / 主编	浙江教育出版社
13	植物秘闻馆	王贞虎 / 著	天津教育出版社
14	刘兴诗爷爷讲述·中国的海洋	刘兴诗 / 著	长江少年儿童出版社
15	我的第一本地理启蒙书	郑利强 / 著，段虹 / 绘	新世界出版社

（三）儿童文学、青春文学类（25 种）

序号	书名	作者	出版单位
1	小饼干和围裙妈妈	郑春华 / 著，阿茄 / 绘	接力出版社
2	汤素兰童心书坊	汤素兰 / 著	湖南少年儿童出版社
3	童眸	黄蓓佳 / 著	江苏凤凰少年儿童出版社
4	初朵的秋天	王秀梅 / 著	山东教育出版社
5	米粒与蓝色眼泪	王一梅 / 著	新蕾出版社
6	海底隧道	杨志军 / 著	人民文学出版社、天天出版社
7	沐阳上学记	萧萍 / 著	浙江文艺出版社
8	花儿与歌声	孟宪明 / 著	海燕出版社
9	面包男孩	李姗姗 / 著	北京时代华文书局
10	红闪电	冉红 / 著	人民教育出版社
11	梦想是生命里的光	舒辉波 / 著	少年儿童出版社
12	老街书店的书虫	小河丁丁 / 著	少年儿童出版社
13	吉祥时光	张之路 / 著	作家出版社
14	我的湖	赵霞 / 著	安徽少年儿童出版社
15	羚羊快跑	许诺晨 / 著	安徽少年儿童出版社
16	金骏马民族儿童文学精品	叶梅 / 主编	北京少年儿童出版社

续表3

序号	书名	作者	出版单位
17	甲骨时光	陈河 / 著	北京十月文艺出版社
18	古蜀	王晋康 / 著	大连出版社
19	银杏路上的白果	张国龙 / 著	重庆出版社
20	像蝴蝶一样自由	陆梅 / 著	明天出版社
21	青草湾	张吉宙 / 著	青岛出版社
22	龙族Ⅳ奥丁之渊	江南 / 著	长江出版社
23	外婆	伍剑 / 著，徐凌 / 绘	长江少年儿童出版社
24	白银河	薛涛 / 著	晨光出版社
25	金角鹿	胡冬林 / 著	北方妇女儿童出版社

二、音像电子类（20种）

序号	书名	出版单位
1	红军不怕远征难	北京电子音像出版社
2	大国工匠	湖南电子音像出版社有限责任公司
3	一带一路	中央教育科学研究所音像出版社、中国国际电视总公司
4	中国通史——百集大型历史纪录片	现代出版社有限公司
5	百首中国梦主题歌曲	学习出版社
6	中国，我可爱的母亲——陆在易作品音乐会	上海文艺音像电子出版社有限公司
7	中华诗韵	人民教育电子音像出版社
8	造物的智慧——中国传统器具原理与设计	人民教育电子音像出版社
9	鸟瞰中国	五洲传播出版社
10	中国春节：全球最大的盛会	五洲传播出版社
11	创客80后	广东海燕电子音像出版社
12	法治知识（1—3季）	黑龙江东北数字出版传媒有限公司
13	爱中国，了解中国——盲人无障碍有声读物	吉林教育音像出版社有限公司
14	中国之最（人文建筑、科技工艺、自然风光、探秘奇观、文化艺术）	上海教育音像出版社有限责任公司
15	格萨尔王传	西海民族音像出版社

续表 4

序号	书名	出版单位
16	红蚂蚁动漫文学馆（中华传奇故事、中华智慧故事、中华名探故事）	湖南电子音像出版社有限责任公司
17	生物十万个为什么（植物篇、动物篇）	河北冠林数字出版有限公司
18	公众应急知识	湖南潇影音像出版社有限责任公司
19	"世界真奇妙"系列	安徽时代漫游文化传媒股份有限公司
20	地球是个生命体	中央广播电视大学音像出版社有限责任公司

2013 年 4 月 23 日，中国教育学会中学语文教学专业委员会、北京大学语文教育研究所、北京语言大学、中国教育报、商务印书馆联合发布的《中学生阅读行动指南》，其主体是推荐书目，书目分初中、高中两个部分，按领域划分为七大类，每类包括基本书目与拓展书目两项。整个书目注重体现民族优秀传统文化和核心价值观，同时结合社会发展和时代的要求，加大科学、社科、艺术、历史、哲学等领域的比重，旨在人格塑造，着眼于学生的全面发展和终身发展，为学生走向社会做出指引。与目前社会上其他推荐书目相比，该书目最大的特点是，加大了科学、社科、艺术、历史、哲学等领域图书的比重，提出"为中国未来而读"的口号。

二、现代中学生作家

现在国内针对 12 岁以下的孩子出版的图书非常多，但针对 13~17 岁孩子的创作不够，目前真正面对这个年龄段孩子创作的作者也不固定，具体的作家可从以上及历年的推荐书目中有所了解。

第四节　近现代中学生阅读指导

一、近代中学生阅读指导

求知欲是人类本能的一种。在人一生读书的过程中，最重要的就是青春时期。因为青春期是人发育的勃兴时期，判断和理解能力逐渐发达，求知欲望逐渐强烈。

如果用科学的方法训练他们的读书能力，培养他们的读书兴趣，对于青年的身心发展和读书习惯的养成，是大有好处的。青春时期是训练读书能力和培养读书兴趣的最紧要的时期①，无论读书的青年还是负有青年读书指导之责的老师，都应该十分注意。关于怎样读书，我们分读书时间、读书能力、读书困难、读书札记与作文四个问题进行解答。

（一）读书时间问题

在读书时间问题中，有两点是要研究的，首先是中学生每天自修时间有多少，其次就是在什么时候读书是最适宜的。普通读书时间可分清晨、日间无课时、晚饭之前、晚饭之后和深夜五种，调查结果显示，读书时间赞成清晨和晚饭之后为最多，次为日间无课时，再次为晚饭之前和深夜。所以依据调查及实际观察所得，读书最适宜的时候莫过于清晨和晚间，尽量不在深夜与晚饭之前，这是中学生所应该注意的。

（二）读书能力问题

中学生的阅读能力是指其顺利开展阅读活动所具备的技能总和，是在阅读实践过程中积累形成的，构成阅读能力的要素有认读力、理解力、记忆力、阅读速度等。美国阅读专家施道弗博士提出了一个阅读效率的公式，$E=R \cdot C$，其中 E 代表阅读效率，R 代表阅读速度，即每分钟所阅读的词数，C 代表理解率，指阅读后答对的问题数与受试问题之比②。可见，阅读效率与阅读速度和理解率密不可分。当中学生的阅读能力提升时，即阅读速度和理解率都提升时，阅读效率也会相应提升。

（三）读书困难问题

阅读困难是普遍现象，主要表现在：无法自主选择阅读对象，全凭老师或者家长推荐；阅读效率不高，不能较好地处理阅读速度和理解率的问题；无法抓住阅读重点，不能把握读和细读的度；等等。要解决中学生的阅读困难，提高中学生的阅读能力，不妨从改进课堂教学、改善阅读环境、研究阅读困难等方面入手③

---

① 陈表. 中学生读书问题之实际探讨 [J]. 中华教育界, 1930（11）: 77–94.

② 龚春燕, 付芝安. 教学艺术——教育专家魏书生谈学习指导 [M]. 桂林: 漓江出版社, 2011: 20.

③ 朱丽娜. 中学生阅读困难与解决策略 [J]. 中国校外教育（上旬刊）, 2014（7）: 73.

综合评价，逐步提升中学生的阅读水平。

（四）读书札记与作文问题

读书不仅重在欣赏与理解，记忆也是很重要的。强化记忆主要的途径就是做读书札记。梁启超曾经说过，读书莫过于笔记……无笔记则不必经心，不经心则虽读犹不读而已，揭示了读书札记的重要性。读书札记可分为抄录式、纲要式、注解式、归纳式、演绎式和日记式六种，最普遍又最重要的是抄录式和纲要式[①]。纲要式札记法更进一步的心得发表，就是作文了。叶圣陶先生提到，许多作文中出现的问题看起来是写作能力问题，根子却在阅读，养兵千日，用兵一时，没有大量的阅读做铺垫，就没有佳作的产生。

二、现代中学生阅读指导

新中国成立以后，有关中学生阅读指导的研究逐渐增多，陆续出版了《怎样指导中学生课外阅读》《中学生阅读指导》《中学生阅读方法词典》《中学生课外阅读指导》等图书。

阅读指导主要分为以下几类。一是对各种文学题材作品的阅读指导，如小说、散文、戏剧、诗歌以及其他等。二是阅读方法和技巧，如思维法、听写训练法、记忆法、阅读法、名人名家读书法等。三是阅读方式和课文的阅读，阅读方式包括泛读、精读、朗读、默读、抄读、速读、跳读和比较读 8 种，课文的阅读包括文章结构分析、提炼中心、课文内容分析和写作方法分析等。四是各种文体阅读方法的指导，如记叙文阅读法、议论文阅读法、说明文阅读法、散文阅读法、小说阅读法以及现代文和文言文的阅读法等。

---

① 陈表 . 中学生读书问题之实际探讨 ［ J ］. 中华教育界，1930（11）：77–94.

第二讲

国外及中国港台地区中学生阅读推广的发展

第一节 美国中学生阅读推广的发展

美国公共图书馆的青少年服务最早可追溯到 1803 年，Caleb BinHan 向康涅狄格州图书馆捐藏了 150 册图书，专门用于 9~16 岁青少年的阅读服务，并成立了宾汉姆青少年图书馆 [①]。

在美国，图书馆针对儿童与青少年的服务有不同的年龄划分标准，有的儿童图书馆规定服务对象是 12 岁以下的孩子，青少年图书馆服务于 13~17 岁的孩子；有些儿童图书馆主要为 0~8 岁的儿童提供服务，青少年图书馆服务于 8~16 岁的孩子。美国青少年图书馆服务协会制定的青少年服务指南主要针对的是 12~18 岁的青少年。这个年龄段的孩子正在从儿童过渡为成人，对很多事物都充满好奇，叛逆的表现也较为明显，渴望表现自己、提升自我。美国图书馆协会下属的青少年图书馆服务协会制定了多项青少年服务指南，例如《图书馆员服务青少年的能力——青少年值得最好》《12 至 18 岁青少年图书馆服务指南》《国家青少年空间指南》《青少年活动指南》，这些指南在馆藏建设、活动管理、空间设备优化、专业服务、网络建设等方面都有非常详细的说明，为图书馆服务青少年提供了规范的指导 [②]。

---

① 黄如花，邱春艳. 美国公共图书馆未成年人服务的特点 [J]. 中国图书馆学报，2013 (4)：48.
② 蒋芳芳. 美国公共图书馆青少年服务指南研究 [J]. 图书馆建设，2016 (11)：20–25.

一、青少年图书馆的建筑及空间设计

在空间设计上重视青少年独特的喜好已成为美国图书馆界在设计方面的重要依据，例如标新立异、私密性等，其目的主要是吸引青少年到图书馆，让图书馆成为青少年的一个学习、协作、表达和创作的绝佳场所。其中，三个"A级"建筑设计理念被应用到许多青少年图书馆的设计中，这三个A指的是适应性（adaptability）、易用性（accessibility）及美观性（aesthetics）。

（一）适应性

所谓适应性，一方面是适应当前社会的需求，更重要的是对未来社会发展的适应。这一点在设计阶段最为困难，因此不少青少年图书馆在设计之初，会邀请许多领域的专家参与其中。

适应性理念的提出也带来图书馆家具的改变，例如带滑轮的书架，这种书架既可以随意地调整位置又便于放置，从而使传统的固定阅览区域可以根据需要变成活动场地。此外，滑动玻璃门使相同空间在同一天的不同时段具备两种功能。传统理念上，我们会在图书馆设置专门的活动空间，采用滑动玻璃门，就可以使同一片区域在没活动时，作为阅览区域使用；在有活动时，作为活动空间使用，玻璃门外的人也可以看到玻璃房间内正在举行的活动，在一定程度上宣传了图书馆的活动。多功能书架在美国的青少年图书馆也很常见，就像可拆卸衣柜一样，书架的设计根据馆藏而变化。

（二）易用性

易用性是体现人性化的一个显著因素，书架的设计是否便于青少年取书，阅览坐席是否考虑青少年的人体工程学，楼层通道的设计、空间的划分是否考虑到青少年群体的需求，是否有青少年自行车的停放区域等，这些都是易用性的体现。

（三）美观性

美观性决定了图书馆空间对青少年是否具有足够的吸引力并使其爱上图书馆。杰克逊维尔的少年儿童图书馆在设计之初就将该馆定位为不仅是青少年的学习场所，更是一个很酷的俱乐部，既不同于家里，又区别于学校，希望图书馆的环境本身就可以吸引爱挑剔的青少年。该青少年图书馆设置了一系列的主题，例如"生活是一个海滩"、以流行艺术和20世纪60年代的图景为内容的"流行与恐怖"、缘于对开放道路和信息高速公路的美国式痴迷的"上路吧"①。

图书馆美观性的理念渗透在图书馆建筑及空间设计的每一个环节,其入口尤为重要,许多图书馆都愿意在青少年空间入口的特殊设计方面投入成本,例如将入口设计成冒险区、山洞或者是太空等。尤为值得我们学习的是,美国一些青少年图书馆用"帮助"或者"信息"等友好而易懂的表述来代替传统的"流通""参考"等专业图书馆术语,从而让标识也变得美观易懂。

二、青少年的阅读推广方式

美国图书馆协会下设有青少年服务分会,专门为青少年的服务提供指导,美国的公共图书馆、学校图书馆在对青少年的服务中除了阅读的推广,更侧重对其创造力、想象力的培养。

(一)推荐书目服务

推荐书目服务是公共图书馆促进青少年阅读、培养青少年文学素养的常用方式之一。早在20世纪末,书目推荐工作就已经是公共图书馆的重要工作内容之一。美国图书馆界也通过发布阅读书单、举办研讨会、设立图书奖项以及建立相关网站等方式,为青少年用户推荐优秀图书。麦肯逊公共图书馆为青少年制定了21个推荐书单,包括"历史小说""科幻小说""吸血鬼故事""未解之谜""南北战争与奴隶制历史小说"等。从2014年开始,洛杉矶公共图书馆每年都会对当年出版的图书进行评选,制作"年度最优图书"书单,将本年度的优秀图书作品推荐给青少年读者阅读②。

(二)"大阅读"活动

所谓"大阅读"活动,指的是一类阅读活动的统称,按照美国国家人文艺术基金会的说法,就是鼓励全国的民众拿起一本好书③。"大阅读"活动在美国的阅

---

① 邦,克兰菲尔德,拉蒂梅尔.儿童图书馆的空间设计[M].石鑫,李凯,等,译.北京:国家图书馆出版社,2014:110.

② 姚敏.美国公共图书馆青少年学校教育支持服务研究[J].图书馆研究,2018(3):67—71.

③ 王波.中外图书馆阅读推广活动研究[M].北京:海洋出版社,2017:28.

读推广中非常有社会影响力，比如"国家图书节"、"一书，一城"活动、"夏季阅读项目"等。这些活动覆盖各个年龄段的读者群体。其中针对青少年的活动内容如下：

在"一书，一城"活动中，美国国会图书馆图书中心与"词汇之河"组织一起每年举办一场以环保为主题的国际诗歌和艺术比赛，该赛事是美国最大的青少年环保诗歌比赛和艺术比赛，旨在帮助青少年探索他们居住的地方的自然和文化历史，并通过诗歌和艺术的形式来表达感想，以此增加他们对环境和自然界的关注。比赛对全世界所有5~19岁的青少年开放，每年吸引全球数以万计的青少年参加[①]。

"夏季阅读项目"是美国公共图书馆最重要的阅读活动之一，至今已有百年历史，它不仅是美国某一个图书馆或某一个地区的服务项目，还是全国性的横跨教育系统、出版行业、公共服务等多个领域的系统性阅读运动。其参与对象也由最初的只针对10~18岁年龄段的读者扩展到如今的面向全社会各个年龄段的读者，例如少数民族、残障人士、弱势群体等。

夏季阅读项目活动种类丰富并且组织策划充分。首先，图书馆与学校紧密合作，暑假前，图书馆员来到学校，为学生发放推荐书目、明信片、读者卡、书签、邀请信等，邀请他们在暑假与小伙伴们一起去图书馆参加活动，活动的内容以竞赛和挑战完成推荐书目为主。开学后，图书馆馆员会到学校对参与活动的学生进行回访和调查，了解他们的阅读情况和个性化需求。其次，活动主题响亮又饱满，比如2015年美国夏季阅读项目的主题是"超级英雄"，细化后的青少年组的主题是"面具之下"，通过这样一个主题来体现通过阅读发现自我、成就自我[②]。再次，该项活动的开展在组织形态上越来越开放，与社会各类组织机构、企业广泛合作，如与博物馆、科技馆、动物园合作开展吸引青少年的阅读项目。

（三）读写能力提升服务项目

针对不同年龄层次的用户开展读写素养能力培养计划是公共图书馆的使命之一，美国图书馆界通过举办阅读竞赛、文学作品写作竞赛、读写讲座等活动对青

---

① 王波.中外图书馆阅读推广活动研究［M］.北京：海洋出版社，2007：77-78.
② 王铮，左阳.美国公共图书馆夏季阅读项目：动因·实践及启示［J］.图书馆建设，2015（11）：
52-57.

少年进行读写能力训练。纽约皇后区图书馆定期举办英语角活动，帮助母语非英语的青少年读者群体练习英语口语，圣弗朗西斯科图书馆举办多语种的"讲故事"活动，此外还举办写作培训班提高青少年的写作能力[①]。

（四）支持学校教育服务

为青少年的家庭作业提供帮助服务已经是美国公共图书馆青少年服务的潮流，例如纽约图书馆的 homework NYC 系统分别为图书馆馆员、教师、家长和学生提供接口，学生可以通过 Facebook、iGoogle 等，使用各种移动设备用该系统进行学习。

（五）多媒体应用服务

美国图书馆界重视新技术在未成年人服务中的应用，其中多媒体设施在馆舍设计之初就被引入，结合多媒体设备与现代信息技术开展丰富有趣的活动项目已经成为美国图书馆对青少年提供服务的重要切入点。美国圣地亚哥的青少年图书馆在剧场、电影院、互联网等，通过角色扮演以及其他活动用以帮助青少年探索关于世界的各种新奇的可能性[②]。杰克逊维尔图书馆在青少年区域配备了具有环绕声和电视屏幕的立体音响系统和 13 台电脑，青少年可以带自己的笔记本电脑来使用，整个图书馆内开通无线上网服务，他们利用整个区域开展青少年的沙龙讨论、网站设计等活动[③]。

三、青少年阅读推广服务的评估

美国图书馆界不仅在建筑及空间设计上重视青少年的需求，在阅读推广服务中展开形式多样的活动，而且在服务结束后重视服务与需求的评估，通过评估来进行有效的激励和质量控制。

（一）评估标准

每一个活动的评估都有其专业的评估机构和评估标准。青少年服务协会在2011 年从《青少年服务馆员素养：青少年值得最好的服务》中抽取评估标准，

---

① 姚敏 . 美国公共图书馆青少年学校教育支持服务研究［J］. 图书馆研究，2018（3）：67-71.

② 邦，克兰菲尔德，拉蒂梅尔 . 儿童图书馆的空间设计［M］. 石鑫，李凯，等，译 . 北京：国家图书馆出版社，2014：122-131.

③ 同② 105-116.

开发了针对青少年（12~18岁）服务的评估工具。加利福尼亚州图书馆协会和纽约图书馆协会早在20世纪60年代就出台了青少年服务标准。南卡罗来纳州公共图书馆在2002年颁布了《青少年服务指南》，作为该州图书馆儿童和青少年服务评估的工具。有名的"夏季阅读项目"也一直有科学的评估指标，多米尼肯大学的图情学院运用阅读标准测试对2006—2009年的夏季阅读项目进行评估。

（二）评估方式

对青少年阅读推广评估的方式有委托儿童教育领域、图情领域学者或者市场调查公司，其评估角度通常分为产出评估、影响评估、投入评估[①]。

需要说明的是：阅读推广活动除了可以用专项评估指标来评价效果外，还有它的持续影响力，活动的开展在更大程度上激发青少年对阅读的热情。

第二节 欧洲中学生阅读推广的发展

一、英国

英国是世界上图书馆事业最发达的国家之一，其图书馆的发展理念及实践也走在前列。早在20世纪30年代，英国的沃尔瑟姆斯托市就出现了专门面向十几岁青少年的图书馆。20世纪80年代，在格拉斯哥附近出现了一些青少年图书馆，比如卡瑟缪克青少年图书馆（Castlemilk Teenager Library）、约翰斯通信息与休闲图书馆（Johnstone Information and Leisure Library），以及约克尔青少年图书馆（Yoker Teenage Library）[②]。其对青少年的阅读推广从国家到地方都有系统的策划与组织，相比美国，英国针对青少年的阅读推广起步更早，但在活动创意上相对保守。

---

① 王素芳.国际图书馆界儿童阅读推广活动评估研究综述［J］.图书情报读，2014（3）：53-66.
② 邦，克兰菲尔德，拉蒂梅尔.儿童图书馆的空间设计［M］.石鑫，李凯，等，译.北京：国家图书馆出版社，2014：32.

英国对青少年的阅读推广主要目标是增强自信和享受阅读、扩展阅读选择，提供分享阅读经验的机会，并努力将阅读提升为一种创造性的活动。活动的组织有国家战略层面的统一策划联合实施，也有地方学校、图书馆或其他阅读推广机构的合作开展。其中基金会、慈善机构以及企业对阅读推广的介入也比较常见。

英国是最早推出"大阅读"活动概念的国家，通过国家文化战略在全国开展阅读推广的"阅读运动"，活动辐射的读者群体非常广泛，其中涉及青少年群体的"大阅读"活动如下 [①]（见表 2-1）：

表 2-1　英国全民阅读活动

活动名称	简介
国家阅读年	这是英国政府通过国家文化战略和终身学习政策来推动文化建设的一个举措，由国家文学基金会来发布和执行，经费由政府投入，其中面向青少年开展夏季阅读挑战赛、送书到学校等活动。
阅读是基础	该项目主要针对因贫困难以接近图书资源的儿童及青少年，学校、图书馆、出版商以及社团等联合为贫困儿童和青少年赠送新书。
夏季阅读挑战	这是英国目前最大的儿童阅读推广活动，由英国阅读协会组织，阅读社（一家独立慈善机构）协调，在 97% 的公共图书馆开展，鼓励儿童每年夏天读 6 本书。同时，图书馆在暑假期间设计许多活动以及奖励来推进儿童阅读。

读书节：每年的 3 月 6 日是英国的读书节，在这期间针对青少年的一项活动是征集短篇小说，内容不限，然后由作家评出优秀作品，汇集成册。作品入选的青少年将被邀请到出版社亲眼见证他们的小说如何变成书。最让人感到惊喜的是在 3 月 6 日这天的阅读节上，会邀请社会名流来朗读孩子们的作品，比如《哈利·波特》的作者罗琳 [②]。

学校图书馆包裹项目：英国的图书信托基金会与老师和学校图书馆合作，免费向英格兰的 7 年级学生提供"学校图书馆包裹"，包裹里主要有多种类型的文学作品，教师创作一个阅读小组，引导学生参与阅读小组讨论他们正在读的包裹里的书 [③]。

---

① 王波.中外图书馆阅读推广活动研究［M］.北京：海洋出版社，2017：115-118.

② 蔡晓丹.欧美、港台、大陆青少年阅读推广比较分析［J］.图书馆理论与实践，2011（6）：31-34.

③ 张丽.英国图书信托基金会少年儿童阅读推广活动剖析［J］.图书馆理论与实践，2016（4）：13-17.

二、芬兰的"快乐阅读促进计划"

"快乐阅读促进计划"是芬兰教育和文化部为提升儿童和青少年的文学及写作素养而开展的一项三年计划（2012~2015），其目标群体是6~16岁的儿童和青少年，以及家长、老师、图书馆专家。该计划由芬兰教育和文化部联合倡导，在具体实施阶段，主要由学校与图书馆通力合作面向中小学生、家长、教师开展系列主题活动。全芬兰30个城市的学校和图书馆参与了此计划[①]。"快乐阅读促进计划"的开展方式有：

第一，推荐书目：委托大学和公共图书馆对中学生推荐主题书目书单，例如"诗集系列""易读书系列""非虚构类系列"等。

第二，举办富有创造性和表达性的主题活动：依托文学作品组织戏剧表演、木偶表演。

第三，开展以多媒体为主题的活动：如举行多媒体阅读圆桌对谈，利用多媒体创作数字故事，依据文学作品创作视频和戏剧，利用平板电脑和思维导图工具进行探索发现，利用图书制作应用程序制作电子书。

第四，走进作家：组织学生拜访作家，邀请作家走进学校。

第五，以大带小：邀请祖父母举办家庭阅读节、高年级学生给低年级学生读书等。

三、德国

德国是一个高度重视阅读的国家，吸引和鼓励青少年儿童从小爱看书一直是德国阅读推广的重点，因此很多学校内设置了公共图书馆，公共图书馆承担着辅助青少年、儿童教育的重要责任[②]。为了激发青少年、儿童的阅读兴趣，提升他们的写作能力，德国公共图书馆从多种角度出发开展阅读推广活动。具体如下：

（一）迎合青少年的审美趣味

图书馆的外观造型、资源选取、馆内设计、内部服务等都围绕青少年的审

---

① 王明朕. 重新唤起儿童的阅读兴趣，芬兰的学校与图书馆做了哪些工作？［N/OL］. 图书馆报，2018–12–28［2019–12–05］.http://www.sohu.com/a/285156780_99958728.

② 宫丽颖，祁迪. 德国公共图书馆的青少年儿童阅读推广［J］. 出版参考，2014（7）：20–21.

美需求来开展。比如，德国的"罗普"少儿图书馆在馆内布置了小舞台、灯箱、馆服 T 恤，让图书馆像"便利店"或"小超市"，其目的就是吸引青少年到图书馆[①]。

（二）迎合青少年的阅读喜好

德国图书馆界对青少年的阅读基本不做干涉，甚至是主动迎合。他们认为：不能强迫孩子一定要看名著、看经典。孩子愿意读什么就满足他们，图书馆会把书和 CD 最精彩的一面摆出来，会为青少年配置爱情、科幻、惊险类的阅读资源。其中汉堡青少年图书馆有 14 000 种馆藏资源，但都与书本或考试无关，其中有一半的馆藏资源是有声读物、CD、DVD，还有各种各样的游戏系统以及种类繁多的时尚趣味报刊[②]。德国科隆城区图书馆还针对青少年的特点专门成立了游戏图书馆，通过他们感兴趣的主题来促进青少年的阅读。

（三）注重与学校的合作

ANTOLIN 是德国公共图书馆与学校教育机构联合开展的青少年、儿童阅读推广网络项目。通过网页的形式为青少年、儿童提供书目推荐，并根据书目提出一些问题。参与该项目的青少年在阅读完书目后回答由浅到深的各种问题，根据网络打分来赢取积分。年终积分高的学生可以获得 ANTOLIN 项目机构颁发的阅读证书。资深读者还可能受到邀请参加许多大型的阅读推广活动并获得丰厚的奖励。

四、瑞典

众所周知，瑞典是一个盛产文学作品的国家，2012 年世界共出版 1761 种儿童文学作品，其中 54% 是瑞典作家所写。除了诺贝尔文学奖，北欧青少年儿童文学奖以及最大的儿童图书奖（阿斯特丽德·林格伦纪念奖）也由瑞典设立。丰富的文学作品使瑞典的阅读推广具有得天独厚的优势。

公共图书馆是瑞典最普遍的公共文化机构，整个瑞典有 1400 多个主要图书

[①] 蔡晓丹.欧美、港台、大陆青少年阅读推广比较分析［J］.图书馆理论与实践，2011（6）：31–34.

[②] 宫丽颖，祁迪.德国公共图书馆的青少年儿童阅读推广［J］.出版参考，2014（7）：20–21.

馆与分馆，为青少年的阅读推广提供了便捷。在经费方面，瑞典政府也给予了有力的保障。与其他国家相比，瑞典对弱势青少年群体的阅读推广更为细致，对有阅读障碍、视觉障碍、学习障碍、智力障碍等的青少年都有相应的阅读设施与特殊资源[①]。

（一）重视弱势青少年的阅读

（1）针对有学习障碍的青少年、儿童，图书馆利用数字无障碍信息系统帮助他们一边听书一边阅读纸质图书；

（2）针对有智力障碍的儿童，提供简短的有声读物，并且配备有声的插图；

（3）针对有视觉障碍的儿童，提供盲文及成人朗读服务；

（4）针对聋哑儿童，提供制作成光盘的手语故事视频，同时为孩子们提供可以拍摄手语视频的网站；

（5）针对身体残疾的儿童，提供无障碍通道或无障碍电梯。

（二）采取分级阅读推广策略

为不同年龄段的青少年儿童提供不同的阅读推广活动，对于13~18周岁的青少年，除了丰富的阅读资源外，还开展许多配套阅读指导服务，例如作家见面会、阅读小组、阅读训练营、讨论小组等[②]。

（三）与社会机构合作开展创意活动

与麦当劳合作开展"图书开心乐园餐"活动，并鼓励家长通过参加线上活动来赢取赠送经典儿童读物。

五、欧洲各国对中学生的阅读推广给我们的启示

在我国，相比幼儿，针对青少年的阅读推广在实践层面比较单薄，这其中有许多现实的客观因素，比如：中学生的学业较重，可以阅读或参加阅读活动的时间和精力有限；中学生阅读习惯的培养在"可塑性"方面比婴幼儿更有难度，因此传统意义上的"阅读推广"活动难以吸引他们，这对策划阅读推广活动方案有

① 董倩，宫丽颖.瑞典青少年儿童阅读推广探究［J］.出版参考，2014（21）：20-22.
② 李宏巧.借鉴德国经验推广青少年阅读活动［J］.山东图书馆学刊，2012（6）：54-56.

比较高的要求；等等。

通过研究国外这些案例，除了感叹国外对中学生的阅读推广同样也面临这些问题之外，也很高兴看到国外同行在这方面的创新与探索，带给我们一些启示。

（一）重视阅读环境的打造

为了吸引中学生到图书馆来，在馆舍环境的打造方面打破现状，主动迎合中学生的审美，并且让中学生参与到馆舍环境的设计与布置中。

（二）推崇自由阅读

中学生读什么，如何读，在哪里读，图书馆不做过多的限制，图书馆所做的就是敞开大门欢迎他们，给予他们充分的自由：阅览各类文献的自由，阅读姿势的自由，辩论的自由，甚至打游戏的自由。这一点在德国尤为明显，这与德国的教育理念与教育氛围有密切关系。

（三）巧用新媒体进行阅读推广

对中学生的阅读推广，除了推荐书目、读书会、演讲比赛等传统方式外，大胆地将阅读与舞台剧、动漫等多媒体技术结合，激发中学生的创造力与想象力。借助现代网络技术，通过在线问答、游戏闯关、在线投票等方式开展有趣的线上阅读推广。

（四）积极获取专家团队的支持

在对中学生提供阅读书目的服务中，努力争取各领域专家（作家、出版社专家、文学评论家、图书馆专家、心理学家、教师等）的支持，书目的推荐以及阅读指导手册的制定都借助专家团队的参与与指导，群策群力，保障推荐的书目科学合理又对于中学生有价值。

（五）与社会多方合作，获取经费的支持

在任何一项阅读推广工作中，活动组织者都必须要考虑经费的来源。除了图书馆自身的活动经费，通过合作获取外界的资金资助是一个非常不错的方式。比如英国的"学校图书馆包裹"项目就是图书信托基金会与教育部、艺术委员会、出版社以及企业共同出资完成。在针对中学生的阅读推广活动中，引入社会力量参与，扩大活动的社会影响以及获取经费的支持是图书馆阅读推广活动可持续发展的一个

有利途径。值得一提的是，作为公共文化机构，图书馆的活动不可以为了商业宣传而策划开展，因此在策划与沟通中，图书馆要清楚活动开展的初衷与目的。

（六）学校的参与重要且必要

在各种针对中学生的阅读推广活动中，学校的直接参与为活动的成功实施埋下了重要的伏笔。在中学生的阅读推广中，学校的参与一方面支撑了活动的规模与有序实施；一方面为活动的宣传、评估方面提供了许多便利的条件。在大规模活动中，需要文化部与教育部的合作；在具体的细化活动中，需要公共图书馆与学校及学校图书馆联合实施。这或许是公共图书馆在针对中学生进行阅读推广过程中可以"施力"的一个方向。

第三节 日本中学生阅读推广的发展

日本是一个崇尚阅读的国家，其阅读理论研究和阅读教学实践经验都很值得重视。日本政府历来非常重视中学生的阅读推广，其中晨读是日本推广中学生阅读的一个重要方式。最早的晨读活动萌发是在千叶县船桥市的私立船桥学园女子高中，林公和大塚笑子两位老师倡议并推动每个班每天早上一起读书 10 分钟，读书内容选择中学生喜欢的，班主任全程跟读。晨读一段时间后，发现学生的表达力、专注力、理解力均有提升，阅读的兴趣开始变浓，效果显著，因此在全县、全市乃至全国推广。2005 年，日本全国中学中一半以上是全班一起晨读十分钟，这个比例还在不断增大。2002 年，日本文部科学省为了推动阅读，分五年投资 650 亿日元作为图书馆购买图书的经费。2008 年由日本参议员西冈武夫等发起《有关国民读书年的决议》，并得到参、众两院通过，定 2010 年为"国民阅读年"，推出了《国民读书年行动计划》。该计划中涉及学校的相关内容有：努力提高学校的"国民总读书量"，降低不读书率；在全国广泛开展学校图书馆的现状调查，增加经费、人才、设施投入。日本将 2010 年 10 月 29 日至 10 月 31 日确定为"国民读书年祭典"日，开展系列活动，号召学校和家长参与。

这些在中学开展的阅读推广活动效果显著。首先，增加读书活动的学校数量由 2002 年的 74.3% 上升至 2006 年的 84.2%。其次，初中生的不读书者比例由 2001 年的 54% 降至 2007 年的 37%。最后，中学的图书馆经费和图书馆专职人员均有大幅度增加：有 12 个班级以上的学校图书馆老师的配置率达 100%，中小学图书馆的藏书量达到了藏书标准。

日本的政府、公众、学校图书馆都在为中学生的阅读推广各司其职，尤其是政府的投入与保障、中学图书馆切实开展阅读推广活动对日本中学生阅读能力的提高起到了推波助澜的作用。

第四节 中国港台地区中学生阅读推广的发展

一、台湾地区中学生阅读推广

为提升学生的阅读能力，减少城乡阅读差别，强化地区未来竞争力，台湾教育主管部门从 2001 年起即推动多项儿童阅读计划，投入数亿经费购买图书资料，全面充实全台湾地区中学阅读环境，举办多场阅读种子教师培训课程，从多个方面促进和推动校园阅读的发展。

（一）通过制定相关规定为学校图书馆阅读推广提供制度保障

学校图书馆作为阅读推广的重要阵地，2002 年台湾地区教育主管部门发布的关于初中图书馆设立及营运基准的相关规定第 28 条和第 33 条分别规定初中图书馆应充分配合学校安排之阅读课程，并提供个人或班级之阅读及外借服务和初中图书馆应透过各种规划设计，积极办理各项推广活动，引导读者利用图书馆，培养阅读兴趣，学校图书馆图书馆员作为专业的阅读推广人员，第 34 条规定初中图书馆得协助教师指导各班成立读书会及班级书库，鼓励学生阅读。从 2006 年开始，为了提高中学生阅读素养，形成全社会良好的阅读风气，台湾教育当局每年颁布修正关于补助初中、小学阅读推动计划作业的要点，每年的 1 月 1 日至 12 月 31 日从行政规划的角度加强中学阅读推动工作，补助对象包括焦点学校、偏远初中、各市政府教育主管部门和县市政府、民间团体、学术机构。通过制定中学图书馆相关规定，从法规层面全面保障学校图书馆阅读推广工作，为学校图书馆的阅读推广提供制度保障。

（二）教育部门推动各种阅读计划进行校园阅读推广

在"阅读力就是竞争力"理念的引导下，阅读的重要性越来越受到台湾地区教育主管部门和企业的关注，2007年台湾教育主管部门推进"悦读101"中小学提升阅读计划，总共已投入20亿1226万元推动阅读活动。阅读是教育的灵魂，台湾地区教育主管部门为了落实阅读教育，表彰优秀阅读推动学校，2008年开始举办阅读"磐石学校"活动并选拔、评选中学推动阅读优秀学校、团体及个人，塑造优秀阅读教育文化。通过阅读推广优秀的学校范例，鼓励各校发展各种颇具特色的活动，积极推广校园阅读。

（三）建立图书教师制度，保证学校阅读推广的专业高效

图书馆员在学校阅读推广中处于关键地位，学校图书馆配备具有吸引力且随时提供协助的馆员，是中学生喜欢到图书馆阅读的重要因素之一。因此，为学校图书馆设置专业专职的图书教师，是推动阅读教育发展的关键步骤。图书馆员是孩子和图书资源间的桥梁，带领他们学习和探索书本及多媒体世界。

图书教师指具有教师资格且受过图书信息专业训练的工作人员，在学校扮演老师、教学伙伴、信息专家及行政管理者四种角色，主要任务是负责图书馆利用教育课程的规划与实行，使学生认识图书馆资源，培养其查找信息、阅读并整理以解决问题的能力，最终达成自主学习。台湾地区图书资讯学学者专家对于建立图书教师制度已经呼吁数十年，但是台湾绝大多数小学图书馆并没有正式且专业的图书馆员，很多学校如果开放图书馆，还需要妈妈志愿者排班，协助勉强维持图书流通服务。为此，自2012年起台湾地区教育部门在全台湾地区38所初中设置图书教师[①]，此试办计划至2014年，全台湾地区设有图书教师的学校初中达102所。

为加强图书教师个人的专业知识和技能，台湾教育主管部门委托台湾师范大学图书资讯研究所成立全台湾地区图书教师辅导团及北、中、南、花莲及台东各

---

① 陈昭珍，涂万进.中小学图书馆.台湾地区2013年图书馆年鉴［Z］.2014：155-173.

分区辅导团，负责全台湾地区图书教师辅导的规划及学校访视工作。自 2009 年开始至今，每年都举办图书教师训练课程，使每年新加入的图书教师能获得基本的图书馆及阅读专业知识和技能，每年针对图书教师在寒暑假期间安排初级课程及高级课程，课程内容包含图书教师的任务与知识技能、图书馆经营实务分享、馆藏征集与应用、分类编目与建档、图书馆志愿者招募与管理、图书信息利用教育融入领域教学等。2009 年创办发行《图书教师电子报》，为图书教师提供经验交流和学术研究的平台。2011 年图书教师辅导团邀请图书资讯系所教授、阅读专家等编写《图书教师手册》[①]，发送到全台湾地区有图书教师的学校，并将手册全文电子档放在《图书教师电子报》网站上，供所有使用者下载，2012 年修订出版第二版。

（四）社会各界投入进行学校图书馆空间改造，为学生营造良好的学校阅读氛围

学校图书馆除拥有丰富的馆藏资源外，营造温馨舒适、活泼多元的图书馆空间，也是吸引学生进入图书馆，培养阅读习惯，进而发展终身学习能力的重要基础设施。因此，从中央机构、地方行政机构到民间团体都投入学校图书馆的空间改造计划，致力于营造学校图书馆友善的阅读环境，期盼能提供给学生优质的阅读环境以使学校图书馆成为师生的快乐学习园地。2013 年，台湾教育主管部门发布"阅读植根与空间改造：2013—2016 年图书馆创新服务发展计划"，以"建设图书馆永续发展环境，改善图书馆服务空间"为发展重点之一[②]。由当局政府补助的初中、小学图书馆空间改造计划，自 2013 年起至 2014 年，台湾教育主管部门总共投入 7800 万新台币补助 45 所小学、26 所初中进行改造[③]。除教育主管部门的项目计划外，各市教育部门也积极投入中小学图书馆的基础建设，例如台北市与新北市每年都编列图书馆改造的预算。台北市教育部门从 2003 年起推动"优质图书馆精进方案"，以营造图书馆良好的阅读环境，吸引读者进入图书馆，促进阅读动机，至今卓有成效。除台北市外，新北市对

---

① 涂万进，林美贤，翁绳玉.中小学图书馆.台湾 2011 年图书馆年鉴［Z］.2012：125–144.

② 赖苑玲.中小学图书馆.台湾地区 2014 年图书馆年鉴［Z］.2015：151–176.

③ 陈昭珍.台湾中小学图书馆发展现况.台湾地区 2015 年图书馆年鉴［Z］.2016：15–26.

于学校图书馆空间改造也不遗余力，2013 年开始推动初中深耕阅读与图书馆空间改造计划，每年编列初中、小学图书馆空间改造暨营运计划逾 6000 万台币，积极改造学校图书馆环境，希望图书馆成为学生喜爱亲近的校园空间。2012 年到 2014 年共改造完成 105 座中小学图书馆，改造后的图书馆各具特色，致力于营造舒适的阅读氛围，促进学校图书馆的使用率。在民间机构方面，玉山银行、欧德集团对中小学图书馆的设置贡献良多。欧德集团自 2005 年启动"百阅图书馆"计划，以在台湾偏乡学校设置 100 座幸福图书馆为目标，致力于让每个孩子都拥有优质的阅读环境，迄今协助 28 所中小学建置图书馆，惠及学子。玉山银行自 2007 年推动"黄金种子计划"[①]，至今已累计建设 85 座玉山图书馆，用色彩进行主题设计，象征缤纷的梦想世界，并考虑不同年级学童的适用性，规划不同的空间使用功能。图书馆空间改善后，立刻成为许多学生下课最爱去的场所，有些学生来借书、看书，有些结伴来温习、讨论功课，已成为学生在校园里最喜爱的空间。初中图书馆的借书率平均增长 2.7 倍，对于学校的阅读教育也有正面的影响。

（五）加强国际间学校图书馆的交流，借鉴吸收海内外经验进行阅读推广

首先，台湾地区学校图书馆员每年积极参加国际学校图书馆员协会（International Association of School Librarianship，IASL）大会、世界华语学校图书馆馆长论坛等国际交流活动，与各地学校图书馆交流，相互观摩学习，开拓图书馆员视野。世界各地都重视学校图书馆的推行，参与国际研讨会发表论文，通过学术交流，不仅能了解各国学校图书馆的发展现况，也分享台湾学校图书馆的成果。世界华语学校图书馆馆长论坛是 IASL 为华语学校图书馆所开展的会议，目的在于促进华语学校图书馆的交流与发展。2008 年第一届世界华语学校图书馆馆长论坛在江苏常州武进横林高级中学召开，以后每两年召开一次，每次论坛台湾均派中小学图书教师代表参加并发表论文。其次，台湾学校图书馆人员赴外参访。在台湾，图书教师制度实施时间不长，需要向各方学习，因此教师辅导团每年都筹划国际交流，提供图书教师与海外地区之图书教师相互观摩学习之机会。通过经验的分享，有助于提升台湾图书教师对学校图书馆的经营与推广

---

① 陈昭珍 . 中小学图书馆 . 台湾地区 2015 年图书馆年鉴［Z］. 2016：133–164.

能力。2015 年选派初中图书教师参访新加坡中小学及公共图书馆，了解新加坡中小学在阅读教学、学校图书馆经营以及与公共图书馆合作等方面的情形，双方交流阅读推广的经验与心得，也拓展图书教师的视野。通过到亚洲邻近地区学校图书馆进行经营与阅读推动的实际观摩与交流，能够为台湾图书教师制度的推行带来新的视野与展望。

二、香港地区中学生阅读推广

在最新的针对初中生的 PISA2015 测评中，香港地区的初中生获得 527 分名列第 2 位，仅次于新加坡（535 分），远远高于参加测试的国内澳门地区（509 分）、台湾地区（497 分）、B–S–J–G（北京、上海、江苏、广东 494 分）地区。香港地区中学生在国际阅读素养测评中取得优异的成绩，与香港地区教育主管部门推进的教育改革和学校图书馆阅读推广密不可分。

香港从 2000 年开始推动的教育改革将"学会学习"作为整体教育改革的中心，"从阅读中学习"则是四项重点之一。为了推动阅读，取消了传统的"指定篇章"阅读，鼓励教师直接采用优质的文学作品来教学。为了落实这个目标，香港教育主管部门着手规划系统性的课程设计与革新、校本课程、师资培训、儿童文学文本资源、学习成果检测等不同的支持系统，使阅读推动不是个口号，而是行动。其中和图书教师最相关的，莫过于让每所学校配置专职的图书馆主任。2001 年 8 月，香港教育局发布《向资助小学提供学校图书馆主任》的通告，为提升小学图书馆服务，从 2001 至 2002 学年开始，全面实行在各资助普通小学增设一个教师职位，负责执行学校图书馆主任的职务。2002 年前教育统筹局常任秘书长发出给全港校长有关推广学校阅读文化的公开信。借着这封信就教育局为帮助学校推动课程改革四项关键项目之一"学会阅读，从阅读中学习"所提供的支持进行阐述。

第三讲

中学生阅读能力的提升

第一节　中学生阅读能力的评估

阅读是搜集处理信息、认识世界、发展思维、获得审判体验的重要途径，阅读更是引领学生生命成长的阶梯，如何评估中学生的阅读能力，也经历了一场又一场的争论和探讨，新课程改革至今，对中学生阅读能力的提升提出了一系列的要求：从制订阅读计划到阅读的广泛性；从朗读到领悟，再到写作；从培养阅读兴趣到提高阅读理解力，再到阅读评论；从诵读古诗文到利用工具书，再到利用图书馆、网络搜集信息资料帮助阅读；等等。因此，对中学生阅读能力的评估也就不外乎以下几个方面：

一、自主阅读能力

自主阅读能力的培养来源于阅读兴趣，兴趣是习惯养成的根基，是开发智力的基础，激发学生的阅读兴趣极其重要。新课标也积极倡导多读书少做题，善于利用课外阅读进行知识的积累，培养学生的阅读兴趣，并给予正确积极的引导，给中学生创设广阔的阅读空间。比如：定期推荐一本好书；读后畅谈体会；充分利用图书馆和网络等媒介搜寻自己需要的资料，调动中学生阅读的求知心理；通过推荐书目，层层推进，举行各种活动，如读书报告会、书评展览会、读后感展评会、读书手抄报展、家庭书房摄影展等；及时鼓励表彰阅读积极分子，让他们体验到阅读的喜悦，并与其他学生分享这种喜悦，一方面一些学生在获得成功后，会更坚持进行大量的广泛阅读，良好的阅读习惯随之形成，另一方面，他们的进步往往又是其他同学效仿的范例，这样就会形成良好的课外阅读氛围，自助阅读能力逐步培养起来。自主阅读能力培养的好处体现在几个方面：夯实终身学习的基础，培养做事的专注力与毅力，培养自主学习的本领，积累知识，提高学习效率，等等。

二、探究性阅读能力

探究性阅读就是既探又究，指探寻、追究。它的基本内涵是好奇心和求知欲，只要是思维正常的人，都有探究的潜能。如果自主阅读只是在阅读过程中去获得感受、理解、欣赏、评价的话，那么探究性阅读则是培养中学生阅读的选择力、思考力和批判力，是运用所学不同领域的知识和生活的积累进行思辨的过程。孔子说"学而不思则罔，思而不学则殆"，也是告诫我们只有把学习和思考结合起来，才能学到切实有用的知识，否则就会收效甚微。通过哪些途径来培养中学生探究阅读的能力呢？

（一）带着问题去阅读

自主阅读重在拥有丰富的积累，形成良好的语感，而探究性阅读重在提倡让学生多角度地阅读，孟子曾说"尽信书则不如无书"，强调学生在读书过程中要善于思辨，勇于提出质疑，说出自己的看法和疑问，由自主性的阅读向思辨、探究性阅读转变，真正成为阅读的主人。

（二）在阅读实践中培养探究能力

在中学生自主阅读过程中，鼓励学生利用工具书查阅作家、作品和读物涉及的其他学科知识、文化常识、生字新词等，鼓励学生充分利用图书馆、网络等搜集相关信息和资料，在这样的阅读实践中形成独特的感悟、体验、情感和能灵活运用的一种阅读习惯。

（三）在阅读交流中深入探究

这是探究性阅读的一个有效方法。小组讨论让学生各抒己见，切磋交流讨论，更加丰富对文本的理解，同时又让每一个学生有了发言的机会，问难辩驳，砥砺真知。即使是正确的答案也不是唯一的经典，而是要鼓励中学生运用发散性思维寻求更多的答案，开拓视野，让学生不同的观点相互碰撞，在碰撞中产生新的观点，在论辩中进一步明理。由原来阅读的单项传递变为多向交流，由原来的封闭阅读变为更为开放的阅读，让中学生的探索精神得到最大程度的释放。

三、创造性阅读能力

创造性阅读是指在阅读过程中，产生超出阅读内容的新思想、新观点。以自主阅读和探究阅读为前提，并与它们同时得到发展，读写一体，是一个充满活力和创造性的过程，也是阅读活动的最高形式，具有一定程度的开放性和灵活性。

每个人都像是一个小小的宇宙，每个人的天性中都蕴藏着无穷的想象力和创造力。有人是为获得灵感而阅读，像爱默生。有人也会探究文本信息中暗示的思想和情感，比如去读《红楼梦》。《红楼梦》原著当然是流传千古的经典好书，但是，曲高和寡。一般的读者根本读不懂原著中的很多东西，也就体会不到精华所在。但数百年来，经过无数读者、专家、研究者的解读，衍生出许多与《红楼梦》有关的作品，让普通读者也能通过他们的解读，更多更深地理解原著。有的是通过积累、联想、阅历等整合，形成对现实生活的艺术反映的作品等，这些创造性阅读最终都会创造自己的作品。

中学生正值长身体、长知识、确立"三观"的关键期，引导中学生去探求科学知识，大胆突破旧观念，积极探索，培养和保护中学生的创新意识尤为重要，创新阅读正是有效的方式之一。如何引导中学生的创新阅读，建议方法有：

（一）倡导逆向思维，标新立异

逆向思维也称求异思维，是指对已成定论的事或观点，从相反的角度去思考，往往会令人耳目一新。

（二）鼓励大胆想象，填补空白

绘画中讲究"留白"，目的是让阅画者产生无限的想象和联想，培养中学生的创新思维，进行想象力的阅读训练也是必不可少的。

（三）利用"冲突"，激活思维

充分利用中学生阅读交流碰撞中产生的观点冲突，或利用文本信息中看似"冲突"的情境，激活学生的创新思维，达到创造性阅读的目的。

从自主性阅读到探究性阅读，再到创造性阅读，这三者是相辅相成的，创造性阅读要以前两者为基础，自主阅读的积累为创造性阅读奠定了基础，探究性阅读为创造性阅读营造了空间。

四、国际学生评价项目

阅读不仅是一种权利，更重要的是一种能力，阅读能力，即阅读素养是中学生自主学习的关键内容。阅读是一切学习能力的核心，阅读能力是学习知识和获取信息的基础。阅读素养测评则是评价未成年人阅读能力的重要方式，国家经济、科技、社会的发展取决于人才质量，而优秀的人才质量源于教育的培养。2000年以来国际经济、科技快速发展，为各国人才培养提出了新的要求和目标，国际组织举行的各种教育质量测评在国际上引起重视，其中测评的一项重要内容就是未成年人阅读素养的测评，目前在国际范围内具有广泛影响力的是经济合作发展组织（Organization for Economic Cooperation and Development，以下简称 OECD）2000 年开始组织每三年为一个周期的国际学生评价项目（The Programme for International Student Assessment，以下简称 PISA）[1]，测评对象是即将完成义务教育阶段的 15 岁左右的中学生。

（一）PISA 概述

PISA 是 OECD 发起的国际教育比较评价项目，测评在即将完成义务教育时，15 岁左右的中学生在现实生活中应用知识和技能的能力，而不是强调他们掌握了多少学科知识，即目的不是测试他们学到了什么，而是他们能用学到的知识

---

[1] OECD.PISA2000 Technical Report［R/OL］.［2019–12–12］. http://www.oecd.org/dataoecd.

和技能做什么，测评聚焦在阅读、数学和科学等关键领域的素养上。PISA 的评价内容、评价对象和评价目的不同于学业选拔考试，它是一项定期的、动态的监控方案，着眼于学生终身学习能力和发展。作为目前世界上最有影响力的国际评价项目之一，它的突出特点在于把关注的重点从教育资源投入和教育内容转向教育的结果，开发学生成绩方面的国际可比指标。PISA 的测评结果反映了教育系统、家庭、学生个人特征等方面在义务教育阶段对学生成绩的影响，并在世界范围内为各国的教育政策制定和研究提供导向和参照，促进各国教育的发展和提高。

素养（literacy）是 PISA 独创的一个概念，即学生在主要学科领域应用知识和技能的能力，以及在不同情境中提出、解决和解释问题时有效地分析、推理和交流的能力。从 2000 年起，PISA 每三年进行一次测评，每次的测评有三分之二的内容以某一领域为重点内容，其他两个领域作为次要内容。在已经举行过的 PISA 测评中，PISA2000[①] 和 PISA2009[②] 的测评重点都是阅读素养，接下来的 PISA2018 测评重点又会回归到阅读素养的测评。参加 PISA 测评的参与国以 OECD 成员国为主，也包括伙伴国家（地区）。2000 年以来，参与国数量不断发展和扩大，从 PISA2000 的 43 个发展到 PISA2015 的 72 个，参与 PISA 的国家（地区）的 GDP 总和占了全球的 90%。每个国家（地区）至少有 150 所学校、4500 名学生参加测试。我国港澳台地区和上海地区分别于 2000 年、2003 年、2006 年、2009 年开始参与了 PISA 测评。

（二）PISA 测评框架

PISA 阅读素养测评包括试题本和问卷两个部分，阅读试题本主要评价学生对不同情境、不同形式文本的认知能力，问卷则主要了解阅读参与度和学习策略，阅读电子媒体文本的能力则通过"电子阅读能力测评（Electronic Reading

---

① OECD.Reading for change：Performance and Engagement Across Countries Results From Pisa2000 ［EB/OL］.［2019–12–12］. http：//www.oecd.org/education/school/programmeforinternationalstuden tassessmentpisa/33690904.pdf.

② OECD.PISA2009 Assessment Framework：Key competencies in reading，mathematics and science. Paris［EB/OL］.［2019–12–12］. http：//www.oecd.org/pisa/data/pisa2009assessmentframework–ke ycompetenciesinreadingmathematicsandscience.htm.

Assessment，简称 ERA）"选项来评价。PIRLS 评价内容主要包括学生阅读素养测评和阅读学习环境问卷调查两个方面，前者通过书面试卷测评，包括阅读目的和理解过程的测评；阅读行为与态度的测评通过学生问卷的方式加以调查评价，为了搜集有关学生在家和学校中影响阅读素养发展的因素，调查问卷还涉及国家、社会、家庭、学校、教室以及学生特点等因素的调查，包括对学生的父母、教师、校长等的问卷调查。

1. 阅读素养的界定

PISA 对"阅读素养"的定义是不断发展的，PISA2000 提出，阅读素养指为了实现个人目标，增长知识，发展潜能，有效地参与社会生活，而理解、运用和反思书面文本的能力。PISA2009 "阅读素养"的定义由原来的"理解、运用和反思书面文本的能力"改为"对书面文本的理解、使用、反思和参与的能力"，标志着 PISA 阅读评价观的新跃升。较之 PISA2000 的阅读素养测评，PISA2009 新增了对学生参与阅读的动机和行为的测评，并首次对学生的阅读参与和元认识进行了评价。PISA 2009 阅读素养的测评变化体现了国际阅读素养评价的未来走向和趋势，由于电子文本阅读在个人生活和社会中的作用越来越重要，PISA2009 的阅读素养测评中增加了对电子阅读素养的测评。

2. 阅读情境（目的）(Situation)

PISA 认为成人总是在某一特定情境下阅读书面材料，与其评估目标相吻合，所以确定阅读素养评估所使用的材料的各种情境是很重要的。PISA 反映阅读用途的情境，主要指与文本内容相联系的、与阅读用途有关的情境。这四种情境分别是：(1) 个人目的的阅读：指为了满足个人兴趣而阅读，包括实践的和智力的，如阅读个人信件、小说、传记等，电子媒体方面包括电子邮件、日记形式的博客等。(2) 公共目的的阅读：指为了获取公共信息或参加大型社会活动而阅读，如阅读官方文件、公告等。(3) 职业目的的阅读：指为了完成工作或完成某项任务而阅读，如阅读说明书、招工广告等。(4) 教育目的的阅读：指为了学习新知识而阅读，如阅读学科教材等。总之，在 PISA 中阅读素养被理解为广义上的阅读素养，是基于终身学习观而构建的，它强调阅读的相互作用和含义的建构性，重视阅读者应用社会及文化中普遍存在的已有知识和原文的情景中的线索来概括阅读材料的意义的能力，认为在建构意义的同时，阅读者会使用各种过程、技能和策略来促进、控制和理解，而且这些过程、策略是随着阅读者接触的各种连续和不连续的材料的情景和阅读目的的不同而发生变化的。因此，PISA 不仅强调阅读编译和文字上的含义，而且更关注阅读者在理解或应用书面材料时的个人的积极性和主动性。

3. 阅读文本（Text）

阅读文本指体现阅读范围和内容的文本，PISA 阅读范围分为文本形式、类型、媒介和环境。其中，文本形式分成两类：连续文本和非连续文本。连续文本一般由句子构成，句子又组成段落、章节甚至是书等更大的结构，包括记叙、说明、描写、议论、指示等文本类型；非连续文本的组织结构不同于连续文本，它不以句子为最小单位，主要是由表单构成的文本，包括图表、列表、图解、地图、表格、广告等文本类型，阅读时需要使用不同于连续文本的阅读方法。2009 年提到的"书面文本"不仅包括手写的、印刷的书面材料，还包括电子媒体中的文字材料和附有文字说明的图片等内容，即阅读文本的媒介类型包括印刷的和电子的。PISA2009 阅读素养测评把通过电子媒介呈现出来的阅读文本简称电子媒介文本或电子文本。但 PISA 的电子文本不是指简单地把传统文本呈现在计算机屏幕上，而是相对于内容、外显形状、规格和边界都是固定的传统文本来说，电子文本的最重要特征是文本内容是动态的，边界是模糊的，涵盖着各种改变对阅读的重构。

4. 阅读任务（能力）（Aspect）

阅读过程反映认知方面的任务类型，这些任务类型相互联系，体现了阅读测试中不同的能力要求。PISA 对阅读素养评估的目的是为了了解特定的学生是否为参加工作和参与各自的群体做好了充足的准备，因此，强调对文章的全面理解是 PISA 中形成阅读素养评估项目时考虑的主要因素，因此，PISA2009 阅读框架把测评任务由 2000 年的五个方面（检索信息、形成广义的理解、形成解释、反思和评价文本的内容、反思和评价文本的形式）整合为 2009 年的三个方面：获取和检索信息、整合和解释信息以及反思和评价信息。（1）获取信息的能力。测量学生是否能从阅读的材料中获得、找到所需的信息。阅读材料包括由句子和段落组成的"连续文本"，也包括由目录、表格、图形或图表组成的"非连续文本"。

（2）解读信息的能力。测量学生阅读后能否理解和正确解释信息的意义。（3）思考和判断能力。测量学生能否将所读的内容与自己原有的知识经验相联系，并综合做出判断后，提出自己的观点。其中，检索、概括、理解和阐释这几个任务需要应试人运用来自文本的资料，后两个类型即反思、评价文本的形式和内容则主要运用文本以外的知识。

第二节　中学生阅读方法

新课标增加了中学生的自读课文量，并且新编了自读课本，很重视在积累性方面的阅读，这无疑是提高中学生阅读能力和语言表达能力的有效方法。课内学方法，课外求发展。课内是有限的，课外是无限的。中学生课外阅读既能巩固和延伸课堂教学内容，又能提高学生的阅读能力和写作水平，因此应有意识地注重课外阅读和加强对学生课外阅读的指导。那么怎样才能提高阅读能力呢？关键要掌握有效的阅读方法。

一、朗读、背诵法

朗读法就是化无声的文字为有声的语言，融入自己的情感体验，领会和理解文章内容的一种阅读方法。读得流畅、抑扬顿挫、富有感情，这说明阅读者理解了文章的内容，而且领会了文章的语言特点，这样阅读的收获是多方面的；指导课外阅读中要求学生多多朗读，增强语感，提高学生的阅读能力。背诵法是指定一些篇目去背诵，识记学习文章的内容和形式技巧的一种阅读方法。背诵一定数量的名篇是前人学习的有效方法，古人说得好："读书百遍，其义自见。""熟读唐诗三百首，不会作诗也会吟。"书读得多了，熟了，语感自然就增强了，文章内容也就逐步理解了，掌握知识的有关规律，对提高阅读写作能力，无疑大有裨益。

二、批注法

阅读时，随时记下自己的体会、感受、意见、评价，画出精彩片段、句子、修辞手法，圈出重要词语等，通过边读边评，把读、想、记紧密地结合在一起。这样能把书读活，能积累很丰富的知识。鼓励学生敢于说出自己的不同意见，既包括对文章佳笔的玩味和欣赏，也包括对文章瑕疵的批评和看法。这种方法形式活泼，使用方便，学生阅读时可以广泛地使用，我国教育家徐特立说："不动笔墨不读书。"这里的"动笔墨"，就是圈点批画的意思，就是阅读中的文字批注法。在这一阅读方法的运用上，毛泽东为我们做出了榜样。毛泽东多年来养成一种读书习惯，就是手中无笔不读书。他每读一本书都要在重要的地方画上各种符号，有时还专门写下读书笔记和心得体会。在阅读时认真标符号、写批注，可以促使自己在读书时开动脑筋，记下某些感受，记录某些思想火化，这是一种卓有成效的读书方法。

三、体验读写法

就是读书时把自己摆进去，站在作者的立场上，设身处地去想，边读边推测、揣摩作者的构思、文章的主要内容及结构等的一种阅读方法。如读论说文，就推测中心论点将怎么提出，可能会摆出什么论据，将会怎样逐层论述下去，最后将怎样结束。读小说就推测故事情节将怎样发展，矛盾冲突将如何激化并得到解决，人物的命运将会是怎样的，开头为什么这样写，后边可能怎样写。如果后边的安排正如自己所料，则说明自己理解了作者的思路形成过程；如果后边的安排出乎自己的意料就要好好想一想，作者为什么这样处理，而自己却没想到，他的安排好在什么地方。如果作者的安排并不是很好，也要想想这是什么原因。这样阅读将会收到很好的效果。可以运用这种方法给小说、故事进行写续写或改写。

四、精读法

抓住"文眼"进行细细品读，文眼是文章的窗户，正像眼睛是心灵的窗户一样，打开这扇窗户就能窥见全文，带起对文章的理解，更好地把握全文的中心。在阅读能力的培养中，就要善于引导学生把握统摄全篇的"文眼"，剖析"片言"与"众辞"的依存关系，从而深刻领会文章的主旨和作者构思的匠心，进而在思想上受到启迪，感情上受到陶冶，艺术上得到鉴赏。抓住"文眼"，举纲张目，既是精讲的主要用途，又是提高阅读能力的有效方法。

五、导读法

"导"就是引导，就是要以中学生为主体，运用富于启发性的好方法进行恰如其分的指点引领。先导后读如选读前言、后记或者内容提要，再择其所需阅读，抛弃与自己所需无关的东西，专读所需要的材料。巧妙地多方设疑，"一石投水"的阅读指导，往往会取得"推波助澜"的良好效果。

六、研读法

研究比较阅读，就是用由此及彼、由表及里、对比观察、综合分析的手段，达到启发思维、加深理解的目的。我国明代杰出的医药家李时珍，他在行医、读书时，就较多采用了比较研读法。因此，他发现了前人没有发现的问题，纠正了前人的错误，编写了鸿篇巨著——《本草纲目》。总之比较阅读法是提高阅读能力行之有效的方法。

七、速读浏览法

东晋田园诗人陶渊明重视读书学习，他在《五柳先生传》一文中写道："闲静少言，不慕荣利。好读书不求甚解；每有会意，便欣然忘食。"它说明读书的方法，不拘一格，有些书不需要咬文嚼字，了解大意即可。陶渊明认为读书的要诀，全在于"会意"。所以，他每每遇到真正会意之时，就高兴得连饭都忘记吃了。在科技迅猛发展的今天，图书出版量成倍增长，读书要都"求甚解"，一辈子能读几本书？对于应该泛读的一些书就应采取"不求甚解速读法"，做到广泛博览，开拓视野，为专攻某项知识学问打下坚实的基础。我们必须教会学生把握速读这一比较高层次的阅读方式。

八、提纲法

看一篇文章或读一本书的时候，把文中的主要意思拟定成提纲，这样可以帮助我们抓住一本书或一篇文章的要点，达到一目了然的目的，也方便记忆和查找。

运用阅读法进行阅读学习，要注意以下几点：第一，要在读书过程中，善于博采众长，为我所用，切忌生搬硬套。第二，阅读过程中，要善于摸索和总结出自己独特的阅读方法。第三，世上没有一种万能的、最佳的、具体的读书方法，需要在长期的阅读实践过程中，不断修正、补充、完善，方能在知识的海洋中自由遨游。

古人云："授之以鱼，不如授之以渔。"这形象地说明了传授知识与指点方法、培养能力的关系，更强调了指点方法与培养能力的重要性。阅读是积累的过程，阅读的目的是积累知识，培养能力，感悟人生。科学的阅读方法，提倡自主合作探究，体现出学生的情感和价值观。独立阅读训练，对中学生语言与思维的发展、知识和能力的构成、思想和性格的培养，都具有十分重要的意义。

第三节　家庭对中学生阅读的指导

俗话说"父母是孩子的第一任老师"，可见家庭阅读的重要作用。营造良好的家庭阅读氛围、培养孩子的阅读兴趣是使家庭阅读达到最佳效果的有效途径。指导方法不应该千篇一律，而是要根据自己孩子的特点运用多种方式来引导阅读，包括创设愉悦的家庭阅读环境，鼓励亲子阅读，选取分层次的阅读读物，逐步提升阅读的水平。不要局限于"书本读物"，课外阅读应该是生活阅读，应是对自然、人生、社会的多种形式的阅读[①]。

一、家长要不断充电学习

有的家庭认为给孩子吃饱穿暖，就是尽了家长的责任，教育孩子是学校的事情；有的家长奉行"船到桥头自然直"的信条，对孩子放任自流，不管不问；有的家长则一味要求孩子学习，学习，再学习，自己却从不看书、读报，这些都是现实生活中经常看到的现象。因此家长要有意识地充电学习，不仅要多学习拓宽原有的知识面，还要努力学习新知识，只有这样，才能避免教育的盲目性，乃

---

① 赵煜.基于家校合作模式下小学语文阅读教学策略［J］.文学教育（中），2019（6）：80–91.

至错误的认识和做法。况且家长的学习态度是对孩子最好的引导，要为孩子树立榜样。

二、家长要改变传统的阅读观

目前很多家长认为课外书就是闲书，与考试无关的书，阅读就是浪费时间，带着孩子去书店，多是聚在教辅书的前面，寒暑假、双休日则给孩子报名参加名目繁多的补习班。家长首先要树立大阅读观，改变家长的功利性阅读的思想是培养学生阅读习惯和提升阅读能力的前提。

大阅读是一种新的阅读思维，正如叶圣陶所说的："天地阅览室，万物皆书卷。"与传统的阅读思维相比，大阅读的客体非常辽阔而丰富。阅读的内容不仅是印在纸上的字、句、段、篇，更应当把天地作为阅览室，把万物皆当作书卷，即把天地作为大书来读，把人生作为大书来读，把社会作为大书来读，把每一件事作为大书来读，把每一个人当作一部大书来读……整个世界就是一部百科全书，需要用一生来阅读，做一个终身的阅读者。

三、树立正确的亲子共读意识

中学时代是孩子身体发育、三观形成、心理成长的关键期，同时也是学习上的转折点，虽然不需要像小学生那样无时无刻地陪伴，但也需要适时地陪伴，言传身教对孩子的陪伴是最好的教育方式。中学生具有强烈的向师性和模仿性，从穿着打扮到为人处世，家长的影响是巨大的，作为孩子的第一任老师，要经常与学校老师保持联系，及时了解孩子在校的情况，了解学校阅读的书目，首先自己先阅读，再引导孩子阅读，形成浓厚的读书氛围。

四、有条件的家庭在家中构建小书房，营造读书环境

一方面父母要自我学习，另一方面还要努力为孩子创造良好的物质环境，因此父母肩上的责任重大。为中学生营造一个适宜读书的氛围，例如：为孩子腾出一个空间做书房，为孩子做一个漂亮的书架摆放各类图书，让孩子给自己喜欢的图书进行分类；给孩子的阅读留出空间，放置桌椅，让孩子在最放松最

自然的状态下寻找最本真的阅读方式，享受阅读带来的愉悦。此外，还要正确处理好父母本身之间以及父母两边家庭成员之间的关系，很难想象在大吵三六九、小吵天天有的环境里，孩子能安静地学习阅读，这也是中学生家庭阅读的重要条件之一。

第四节　学校对中学生阅读的指导

一、为中学生提供丰富的阅读资源，激发阅读兴趣

"一个不重视阅读的学生，是一个没有发展的学生；一个不重视阅读的家庭，是一个平庸的家庭；一个不重视阅读的学校，是一个乏味的应试的学校；一个不重视阅读的民族，是一个没有希望的民族。"办好学校图书馆，丰富馆藏资源，让学生有书可读。在图书馆每周每班开设阅读课，并进行阅读指导，中学时正是培养阅读兴趣的关键时期。对大多数孩子来说，学习阅读是一个见效缓慢，需要循序渐进、持之以恒的一个漫长的过程，我们学校首先是培养学生的阅读兴趣，因为兴趣是最好的老师。对阅读有了兴趣，学生持续阅读和提高阅读能力就有了内因条件。

（一）选择适宜的课外读物

学校为中学生选择课外读物时，应根据他们的年龄特点和知识水平，以兴趣为中心，找到课外阅读的源头活水。推荐适宜的书目很重要！

（二）倡导多方位阅读合作

在学习伙伴间形成课外阅读的氛围，伙伴间的共同阅读共同讨论胜于老师的无数教育。以多种形式的合作阅读，互相感染。充分利用学校的公共空间、图书馆、教室图书角等，张贴读书方面的富有启发性的名言及班中喜欢课外阅读的同学的鼓励语，创设书香环境，增进阅读氛围。创建阅读社团，定期召开家庭读书交流会。让家长的读书兴趣及热情给孩子以最佳引导。

（三）课外阅读交流常态化

课外阅读交流活动应多样化、常态化，为中学生提供读书收获展示的机会，可以在全班进行交流，也可以分组交流。交流的方式可以是个人发言和大家分享读书体会，也可以组织读书会、读后感征文比赛、课本剧表演、诗歌朗诵会等，总之让学生唱主角，自在地、愉悦地表达读书心得与体会。学校在交流过程中进行鼓励和肯定性评价，从而使学生在交流活动中获得知识、情感、审美、思维方法等多重收获。此外，课外阅读交流活动的常态化所形成的浓郁的读书氛围，也使那些本没兴趣参与课外阅读的学生受到感染，产生共鸣。

（四）与影视作品同步阅读或比较阅读

联系生活，抓住阅读机遇，利用影视作品营造阅读氛围，具有可操作性。因为现在已经有很多的名著被搬上银幕或电视了，比如小说《三国演义》《水浒传》《西游记》《红楼梦》《隋唐演义》《封神演义》等，看这些电影电视对提升阅读兴趣很有帮助，但如果能和热播中的影视作品同步阅读或比较阅读，效果会更好。

二、注重阅读方法的指导

如何阅读一本书，在方法上学校老师应为中学生进行适当的指导。引导学生进行课外阅读，除了让学生通读全书，精读精彩片断外，还要注意引导学生勾画圈点、做读书卡片，养成"不动笔墨不读书"的好习惯。做到阅读有计划，重积累，只有广泛进行课外阅读，培养学生终身学习的能力，学校德育、心理、教学才能良性循环，给处在记忆黄金时期和人格形成时期的中学生播下最好的种子，留下最美好的回忆，通过阅读不断充实他们的文化底蕴、丰富他们的气质涵养，享受崇高精神的滋养。

三、学校应指导建立阅读指导小组，精选阅读书目

好读书是阅读的开始，读好书至关重要。因此，学校给学生选择课外读物尤为重要。

（一）选择符合社会需要的课外读物

社会需要主要指反映社会主流价值观的要求。从这个方面来说，只要是进步的、健康的、有益身心的读物都可以让学生读，如中外名著。

（二）选择符合学生自身阅读兴趣的课外读物

孔子云："知之者不如好之者，好之者不如乐之者。"有的学生喜欢《电脑爱好者》，有的喜欢"四书五经"，有的喜欢看《中国法律和中国社会》……学生只有对读物感兴趣，才能主动去阅读，积极去思考，才不会把读书当作一种苦事、一种负担。

（三）选择符合学生阅读能力的课外阅读

根据学生年龄、知识结构、生活阅历等选择适宜的读物推荐给学生，中学生适宜阅读一些自然科技类图书，还有游记、惊险和科幻小说或者古典名著等。例如中学生应该多看些常规性的书，比如《古文观止》、鲁迅的《呐喊》、罗贯中的《三国演义》、曹雪芹的《红楼梦》、泰戈尔的《飞鸟集》、科普书《十万个为什么》等都是对课堂知识性东西的有益补充。

"一本好书可以改变人的一生"，特别是学生，在他们跌跌撞撞迈向社会的第一步时，更需要一本好书把他们牵引走向成长的彼岸。我们应该引导学生选择好入门之书。

四、学校可以开展丰富多彩的读书活动

丰富的读书活动，不但增长了学生的课外知识，还增强了学生的阅读兴趣，营造了人人读书、多读书、好读书、读好书的良好氛围，让浓郁的书香充盈校园的每一个角落。学样应该为学生搭建读书成果展示的平台，例如校园网开设"读书专栏"可选登学生的读书笔记，书评，读后感等，可以定期举办专题活动，如征文活动、知识竞赛活动、经典诵读等，办班刊和年级刊，还可以进行"阅读考级"，建立个人阅读档案等，如此持之以恒，形成品牌阅读，设立奖励机制，循序推进，不断提高学生的语言表达能力和读写能力。让学生在活动中得到成功的体验，激励中学生阅读的激情。

第五节　公共图书馆对中学生阅读的指导

随着信息技术的发展，传统媒体与新媒体之间日益融合，信息传播手段层出不穷，面对不同读者群体，公共图书馆的服务方式也应不拘一格，因人而异，更具人性化，体现服务特色。中学生正处在少年走向成人的过渡时期，是接受新鲜事物较为迅速的读者群，他们处在道德品质的定型期，也是学习科学文化知识的黄金期，他们的成长需要学校、家庭、社会三方力量协同教育，而公共图书馆则是中学生校外教育的重要场所，着重培养中学生的综合素质和社会实践能力。面对 00 后的中学生，微信、微博、QQ 等不仅是他们获取信息的主要来源，还是与他人分享感受的平台，因此阅读方式变得多样化，传统图书馆提供的纸质图书已不再是中学生们阅读的唯一方式了。此外中学生到馆有明显的时间性和季节性，往往集中在双休日、节假日或寒暑假。为此公共图书馆的服务提升主要在以下几个方面：

一、设置中学生借阅服务区

由于中学生学校课程压力比较大，他们去公共图书馆阅读的时间远不如少年和成人，但也跟公共图书馆对象目标化服务不够细化有关，针对中学生这个年龄阶段特殊的心理特点——少儿阅览室不愿进，成人借阅服务区适宜他们阅读的书籍又少，加上作息时间上的特殊性，公共图书馆应根据中学生的作息时间科学制定开放时间，并单独设立中学生阅读服务区，丰富中学生阅读资源，为中学生读者提供一个独立的自由交流的空间。

二、根据中学生特点进行导读服务

就中学生到公共馆读书基本有以下两种情形：一是漫无目的，随便看看，或是从众心理，只看学生中流行的畅销类书。这类学生的阅读内容容易受外界的影响，阅读时重情节，轻吸收，少思考，理解差。面对这些中学生，公共馆需要循序渐进地进行阅读引导，开展好书推荐，分年级进行阅读书目推荐，开展书评活动，培养中学生正确的阅读观。二是目的性较强，到公共图书馆是为了找寻资料完成学校布置的功课，公共图书馆可将中学类教辅书籍按学科、按年级进行摆放，方便中学生查找。还可以整合成二次三次文献资料，为中学生研究课题做指引。有条件的公共图书馆可设置中学生研习室，方便中学生研究性学习小组的研习和探讨。公共图书馆还应横向与学校合作，鼓励老师布置一些开放性作业，让中学生通过利用图书馆的资源来完成。定期组织开展活动，让更多的中学生走进图书馆，认识图书馆，学会利用图书馆，那是终身受益的。

三、为中学生提供多样化的服务

由于中学生到馆受到时间、空间上的限制，公共图书馆应解放思想，优化和延伸传统服务方式，包括多元的数字服务方式；指导远程翻阅数理化题库和数据库文献；聆听远程讲座；帮助中学生定制"我的图书馆"，把各学科资料用 ipad 等信息工具和载体建立个性化知识信息库存。

四、有针对性地进行信息推送和共享

当前微信已然成为人们日常信息传递和分享最便捷的工具，中学生更是使用这一平台的主力军，公共图书馆可利用这一平台，推送图书馆最新新闻、公告、新书推荐以及新购数据库等信息，当中学生在使用图书馆资源遇到困难或在学习中有需要获取某些参考信息等实际需求时，通过微信可向图书馆馆员请求咨询，图书馆馆员在收到咨询请求后，可立即检索并及时反馈。另外图书馆馆员还可以利用微信群建立用户之间的信息共享机制，引导中学生进行信息分享，由于微信传递方便快捷，在不断的信息分享、共享的行为中，使彼此陌生的中学生用户拉近了距离，使同一年级、同一兴趣的中学生之间能互相学习，共同探讨，解决学科问题，提高了中学生学习知识的兴趣。

随着科技的发展，许多人会利用手机、iPad 等媒体终端进行阅读，这种电子阅读方式对纸质阅读产生了巨大的冲击，但对于中学生而言，纸质媒介仍然是他们最钟爱、使用频率最高的资源。探索如何发挥不同媒介的优势和特性，让数字资源和纸质资源融合互补，如何更好地组织文献资源，为中学生提供高效、便捷的优质服务，公共图书馆有义不容辞的责任。

中学生阅读推广活动的策划与实施

阅读是人们获得知识信息的重要手段。阅读推广是将阅读这种认知过程向更广的范围传播，使更多的人参与阅读活动[①]。中学生群体是社会发展的希望，引导中学生养成良好的阅读习惯，提升阅读兴趣，无论是对国家的发展，还是对良好社会氛围的形成，都具有重要意义。当前是全媒体时代，在新媒体阅读应用中，手机、电脑以及 iPad 等成为广大中学生常用的阅读媒体。中学生的阅读更多地倾向于浅阅读、微阅读、快餐式阅读，深阅读有些渐行渐远。加之阅读活动对学生考试成绩的提高不能起到立竿见影的效果，在学校处于"说起来重要、做起来次要、忙起来不要"的尴尬境地[②]，在家长看来"课外阅读是在浪费时间"，阅读得不到应有的重视与支持。

当前，中学生阅读推广任重道远，不仅要培养中学生阅读习惯的养成，更要转变家长及老师的观念。最是书香能致远。全民阅读、终身学习是现代社会对每个现代公民提出的新要求。在中学校园进行阅读推广，是"利在当代，功在千秋"的教育大计。只有让阅读得到普遍认可，才能在中学生中形成良好的阅读氛围，实现真正的"书香校园"。

---

① 王家莲，等.新时代阅读推广研究［M］.大连：东北财经大学出版社，2016：50.
② 谢晗.中学生阅读推广探究［J］.图书馆论坛，2011（4）：123.

第一节　中学生阅读推广活动的策划

中学时期是人生的黄金时期，它将对人的价值观、世界观的形成产生深远的影响。书籍能够给人提供多种选择：生命的选择、思想的选择、生活的选择，书籍里有各种各样的人生 [①]。因此，通过阅读推广活动，激发中学生的阅读兴趣，引起家长及老师等对阅读的重视，从而形成良好的阅读氛围。

一、策划的基本原则

（一）操作性强

活动策划要充分考虑其可操作性，要切实可行，否则再完美的策划，没有实际可操作性，也只是海市蜃楼。尤其是针对中学生，要考虑到学生能自由支配的时间、青少年的兴趣所在、活动的场地、人员的组织、合理的预算等，否则很难保证一项策划会实操落地，并取得良好的效果。

（二）参与度高

策划不仅要有可操作性，更要易于参与，不管是设计环节上还是时间上，都要让每个有兴趣的人能容易参与其中。尤其是针对持续性阅读推广活动的策划，要有随时参与的可能。因此策划在设计制订时，要考虑活动内容层级、互动环节等的设计与把握；在时间设计上，要充分考虑中学生的课余时间，避开考试等特殊时间段。

（三）灵活应变

所有的策划在实施过程中，要根据实际情况的变化实时调整，适应动态环境的变化。策划在制订时，即使考虑得足够细致、完美，实施过程中也难免会有不可控因素的影响，这就要求灵活应变，能及时处理各种突发情况，努力保障活动有序进行。

---

① 沈小丁，郑辉 . 论阅读［J］. 图书馆，2007（6）：53–55.

二、策划的内容

（一）主题新颖

活动主题是策划方案中的关键。一项阅读推广活动能否成功，效果如何，都与活动主题有很大的关联。新颖、鲜明的主题，既要融入活动的目的，体现内容的新颖，又要能刺激大众，让大家有眼前一亮的感觉，进而激发起大家的好奇心与参与热情。

（二）内容丰富

阅读推广活动的策划，在主题鲜明的前提下，更要有丰富的活动内容，才能吸引大众参与其中，并获得良好的活动体验。围绕某一主题，可以设计相关知识讲座、知识演讲、沙龙座谈、交流分享、创意互动、竞赛奖励等。只有获得学生的认同感，才能调动学生的积极性与参与热情。

（三）形式多样

现代的中学生是随着网络的蓬勃发展成长起来的，他们基本人手一部手机，随时随地获取需要的信息，利用零碎时间进行阅读更便捷，所以越来越多的中学生倾向于数字阅读。因此，阅读推广活动在策划时，一方面充分利用学校的场地、家庭的氛围、图书馆的资源以及学生自由的时间等，策划相关的活动；一方面也要充分利用线上功能，结合学生的阅读特点，引导中学生利用零碎时间进行有效阅读，逐渐养成良好的阅读习惯。

（四）预算合理

每一项策划的顺利执行，经费预算是不可忽略的组成部分。在计算活动成本时要做到事无巨细，一定要考虑充分、全面，将所有费用包括前期宣传推广、实施现场、活动善后等都思考清楚后再进行计算，切记不要有遗漏。只有明确了活动的整体预算，才能够有侧重性地开展活动，从而最大程度保证活动的效果。否则，预算太少会制约项目的实施与效果；如果预算太大，势必会造成不必要的浪费，影响策划最终的效果与评估。

三、策划中应考虑的几个方面

中学生阅读推广活动旨在培养学生良好的阅读习惯，引导学生读好书、好读书、善读书，扩大学生的知识面，丰富学生的课余生活。

（一）利用图书馆的资源与平台

为适应时代发展的需要，2003 年教育部对《中小学图书馆（室）规程》进行了修订，颁布了《中小学图书馆（室）规程（修订）》，新规程明确规定了中小学图书馆（室）的藏书标准，也首次对数字图书馆的建设提出了要求，对各地中小学图书馆（室）建设起到了指导和推进的作用。很多省市结合实际，先后制定了具有地方特色的中小学图书馆（室）建设标准，如《江苏省中小学图书馆建设标准》《苏州市中小学图书馆建设标准》《广东省中小学图书馆（室）建设标准》等。这些标准主要从馆藏书刊、人员配备、文献利用、读者服务等方面进行了具体的定量和定性的规定[①]。因此，阅读推广活动要充分利用学校图书馆平台与资源，借助图书馆的力量推广活动。

此外，少年儿童图书馆作为未成年人社会教育的重要基地，是少年儿童课外阅读和自学的主要场所，对学校教育起着补充、延伸、深化的作用。2010 年，文化部《关于进一步加强少年儿童图书馆建设工作的意见》指出[②]，少年儿童图书馆要积极与中小学校开展合作，共同开展阅读指导、信息素养教育，积极开展图书推介、讲座、展览等活动，精心设计和组织内容鲜活、形式新颖、吸引力强的读书活动，吸引未成年人走进图书馆、利用图书馆。阅读推广活动，要借助图书馆的专业特长，丰富自身的活动内容。

（二）获得老师的配合与参与

在校园阅读推广活动中，不可忽视老师的作用。老师是学生的最直接接触者，了解学生的基本情况与阅读需求，老师的参与可以使阅读策划更容易得到学生的认可与参与。老师对阅读推广活动的重视程度，也将影响策划的最终实施与效果。

---

① 王鸿飞.中小学图书馆建设实践与阅读推广［M］.广州：广东教育出版社，2016：7.
② 文化部.文化部关于进一步加强少年儿童图书馆建设工作的意见［EB/OL］.（2010–12–14）［2019–12–12］. http://www.gov.cn/govweb/zwgk/2010–12/14/content_1765361.htm.

如果一项阅读推广活动中，老师是其中的实践者之一，引导学生掌握科学的阅读方法，创建阅读实践平台，将有助于学生阅读习惯的培养以及阅读能力的提高，更有助于使书香弥漫在校园的每个角落，形成自觉读书的良好风尚。

（三）争取家长的支持与理解

望子成龙，望女成凤，当前繁重的课业负担，巨大的升学压力，让不少家长认为与升学无关的课余阅读，都是在浪费时间。因此一项阅读推广活动，要选择适宜的活动时间，控制活动时长，尽量避免如考试前组织活动，最大可能得到家长的理解与支持。虽然阅读推广活动不能立竿见影呈现明显的效果，但要让家长逐渐认识到阅读的重要性，认识到良好的阅读习惯将是孩子一生的良师益友。可以通过演讲、讲座、亲子等形式让家长参与到阅读推广之中，与孩子共享阅读的愉悦，如共读一本书等。

（四）征求学生的意见与建议

阅读推广方案能否顺利实施，关键在于学生是否认可并积极参与。在制订阅读推广活动方案之前，进行学生调研是必要的，了解学生的阅读需求、喜欢的阅读形式等，从中提炼出一些可行性意见用于青少年阅读推广活动，真正做到以中学生为中心。在此基础上，制订并不断完善阅读推广的方案，才能保证方案切合实际，切实可行，激发中学生的兴趣。

综上所述，中学生阅读推广活动的策划要结合学生的特点，考虑学生的时间段，以内容丰富、形式多样、创意新颖等，吸引学生参与其中。阅读推广策划中，切忌脱离实际，闭门造车，以及过分夸大阅读推广活动的一次性作用。现在倡导全民阅读，鼓励社会力量参与其中，中学生阅读推广活动中，也可整合社会资源，引入社会力量，提升活动的社会影响力。

第二节　中学生阅读推广活动的实施

一个阅读推广方案成功与否，实施过程是重要的组成部分。良好的组织与实施，是策划方案实现预期目标最大化的关键。在活动实施前，一定要对参与人员、嘉宾、活动细节等进行确认，并做好宣传推广工作，让更多人关注活动。同时也要做好各项应急处理预案，一旦有突发事件发生，能够积极应对，妥善处理。

一、实施前的筹备工作

（一）制订活动时间规划表

在活动实施之前，要制订活动排期规划表，只有活动排期规划表制订得科学合理、切实可行，才能够使活动有条不紊地进行。这就需要了解活动的步骤，如准备阶段、策划阶段、宣传阶段、实施阶段等。在制订活动排期规划表时，要注意为突发事件留有足够的空余时间。时间排期规划表为活动实施提供一个参考，但不可僵化执行，要根据实际情况时时进行调整。

（二）核对活动细节

每项阅读推广活动实施前，要不断明确、细化、核对活动细节。包括人员的安排、物料的进度、现场道具的准备、嘉宾的时间以及场地等。核对活动细节是一项非常烦琐的工作，需要工作人员具备统筹全局的思维，将活动的方方面面都考虑到位，并一定提前通知相关人员，只有这样才能在活动正式开始时不出现纰漏，保证活动顺利进行。

（三）与各方人员确认预约

在做好活动的各方面工作后，作为活动的发起者，最重要的一个环节就是与活动的各方人员确认预约，确认他们届时到达活动现场。如对老师的邀约，对家长的邀约，以及对社会人士的邀约等。在与各方确认时，一定要言简意赅，重点事情重点提醒，明确活动的时间、地点、对方需要负责的事情等。这样确保各方人员按时到场，使活动能够顺利进行。

（四）活动前的宣传推广工作

活动方案制订后，要在推广对象中积极宣传，营造一定的声势，吸引大家的注意力。简言之就是要想尽办法将活动信息告诉受众，进而最大限度地吸引有意向的人群来参与。针对中学生特定群体，可以利用班级会议、图书馆平台、校园媒体平台、网络等途径，让活动信息尽可能推送出去，让感兴趣的人在第一时间能参与到活动中来。只有这样，才能确保活动达到预期的效果。

二、具体实施步骤

（一）现场活动前的准备

在一项阅读推广活动开始前，首先，要确认物料、现场道具、宣传材料等是否到位；其次，推广活动中要充分考虑参与者的舒适度，要设置茶水间等后勤保障区域，为活动参与者提供一个落脚休息的地方；最后，在活动前，一定要与消防和安保部门进行沟通，从专业的角度，为活动现场设置安全绿色通道。

（二）现场的组织

首先，将服务人员和参与人员进行区分。让服务人员统一着装，佩戴挂牌，让服务人员拥有一定的辨识度，这样不仅让参与者一目了然，知道活动的服务人员在哪里，而且也能让参与者感觉到活动的正式与专业。其次，明确活动流程，以及邀请嘉宾是否能如约到场。确认好活动的开始时间、活动流程、互动环节、何时结束等。做好现场的协调与沟通工作。最后，做好参与人员的信息登记。活动前，应将活动登记处设在显眼的位置，方便参与者入场时看到并主动登记。

（三）各方的协调

活动过程中，要随时做好举办方、参与者、嘉宾、合作方、媒体等多方的协调与沟通，如嘉宾致辞环节的设计、活动内容的主次穿插、现场秩序的维护与协调、媒体的拍摄与投放等。良好的组织与协调，有利于保障活动现场的井然有序，保障活动的宣传与推广。

（四）活动的收尾

活动结束后，要通过一定的方式对参与者进行调研，如对本次活动的看法，以及建议和意见，为后续活动的开展提供借鉴。同时要注意安排嘉宾的送场、参与者的安全离场，做到有始有终。其次是现场道具、物料的拆除与运离。最后是场地卫生的清洁与整理。只有做到善始善终，才能算是一项活动的圆满结束。

三、不可控因素的发生与应对

一场活动，尽管会在举办之前做好各种准备，但还是难免会发生这样或那样的意外情况，而且对危机事件处理的速度也影响着活动参与者对活动的观感。因此，对危机事件的应急处理十分重要。当发生危机或者突发事件时，要第一时间有人站出来积极沟通、解决问题。

（一）时间更改

在活动中，时间尤为重要，但往往会因为一些不可抗因素，改变活动时间，我们必须做好活动时间调整的应急预案，想好在预期的活动时间外，还有哪些时间适合发动活动。同时，一旦活动时间更改，就要想好更改活动时间的理由，并提前做好宣传与沟通工作，让关注活动的人群知道时间的更改，从而确保活动的正常进行。

（二）场地更改

活动举办时，因为一些客观或者其他因素，造成原定活动场地不能使用。在活动前准备两块场地，一块作为主场地，一块作为备用场地。一旦其中一块场地因为意外无法开展活动，马上转到另外一块场地开展活动。但要注意活动场地要设置得互补一些，从而确保活动的有序进行。另外，还要注意两块场地之间的距离，两者之间的距离要尽可能地短，这样才能为活动的服务、支持人员争取充足的转场与布展时间。

（三）人员变动

在活动准备期，应针对活动不同的岗位，设定多人参与。这样，一旦活动中有人因故无法参与时，他人顶替时也不会感觉陌生，无从入手，但活动的总体调度岗位并非任何人都可胜任。因此，一定要最大限度地确保活动中的重要岗位人员不出现意外，这样才能使活动按照预期贯彻执行。

（四）物料应急

活动执行过程中，遇到如活动设施被损坏、活动幕墙被覆盖等意外，这就要求物料要有适当的备份，一旦意外发生，可以在第一时间用备份的物料替换。同时一定要便于更换，这样才能确保活动原有物料出现意外后，能够及时更换备用物料。当然，也要考虑经费问题，要尽可能地废物利用，缩减成本，不要造成不必要的浪费。

（五）后勤保障

活动后勤包括工作人员、参与人员等的交通、供电、消防、保洁、财务等方面。后勤保障最重要的是提前规划，将堵车、饮水等问题考虑到位，进而想出相应的对策，从而确保后勤保障能够万无一失，让活动的参与者拥有良好的体验。

（六）安全保障

在活动现场，要针对有可能发生的一系列状况想好应急对策，如车辆引导、安全疏散、设备保障等。一定要确保不留死角、落实到人、各司其职，最大限度地将活动现场可能发生的安全事件概率降到最低。最重要的是，在突发事件真正来临时能够保持头脑冷静，积极应对。

第三节　中学生阅读推广活动的效果和评估

阅读推广活动要讲实效，不能停留在排场、场次、参与人数等表面指标上，有没有实效，参与者说了算。王波等认为，评价阅读推广活动的效果，关键在于读者的阅读收益和满意度，但这两个指标都不易量化[①]。同时，我国阅读推广效果评价的理论层面和实践层面均有不足，国内研究阅读推广效果的文献量少，并且大部分都是作为总结性文字，缺少有意义的、成体系的阅读推广效果评价指标[②]。中学生阅读推广活动，虽以中学生为主，但不可避免受到教师、家长、学校等多重因素的影响，实践过程中缺少系统、科学的理论体系的支撑与指导，更为阅读推广活动效果的评估增加难度。

当然，中学生阅读推广的受众群体相对较单一，地理范围也相对有限，因此在实施效果评估时，具有操作性强、回访容易等特征。但鉴于中学生阅读推广尚未形成完整的评价指标体系，本书将着重从以下几个方面对阅读推广活动的效果

① 王波，等.中外图书馆阅读推广活动研究［M］.北京：海洋出版社，2017：235-237.
② 徐雁，李海燕.全民阅读知识导航［M］.南京：南京大学出版社，2016：204.

进行分析。同时也希望能够引起广大同人的关注与努力，为阅读推广实践提供有效的阅读推广评价指标体系。

一、预期目标的实现

每项阅读推广活动，都设有预定的目标以及一定的实现期望。活动结束后，要评估宣传口号是否吸引人、活动内容是否受欢迎、推荐书目是否合用、是否节约经费和人力、是否影响其他事宜等，媒体报道的参与、服务是否到位，是否有过度服务、活动是否有创意、后勤保障是否到位等。通过一系列指标的考核，对比预期目标与实际效果，最终评估活动是否最大化实现预期目标。

二、参与群体的反馈

一项完整的阅读推广活动，都应通过活动现场发放问卷调查、评价表以及活动结束后的回访等环节，从参与者的角度评价阅读推广效果，及时了解参与者的需求与愿望，以及对活动的意见和建议，以期在后续的活动中不断完善和提升，让活动内容更好地满足读者需求，让活动形式更喜闻乐见，更好地提升活动的社会效益与影响力。

三、媒体的宣传与报道

阅读推广活动的开展，从活动前的宣传与推广直到活动的结束，都离不开媒体的宣传报道。活动现场及后续媒体的关注与报道，一定程度上可以反映活动本身是否吸引大众的眼球，引起大众的兴趣。媒体报道的数量、报道的深度以及报道媒体的权威性等，都是阅读推广活动成功与否的一项重要评价指标。

四、突发事件的应急处理

在进行阅读推广活动时，每个环节都有不确定因素的影响。对突发事件的应急处理，直接影响着阅读推广活动能否顺利进行。如时间、人员、场地、物料、后勤以及其他突发情况等，是否能够得到及时的应对与处理，并做好后续的跟进与最终解决等，都直接影响着活动的整体效果以及参与者对活动本身的认可与支持。

五、活动是否可持续性发展

针对中学生的阅读推广活动，主要是激发学生的阅读兴趣，引导中学生养成良好的阅读习惯。这些都不是一蹴而就能实现的，需要循序渐进，长期坚持。因此，阅读推广活动的可持续性非常重要。阅读推广活动结合学生的特点与关注的热点，不断延伸与拓展，开阔学生的视野，激发学生的热情与兴趣，进而引导学生深入阅读，让阅读真正成为其一生的良师益友。

六、实施中存在的不足

活动结束后，在对整体活动效果等进行评估时，不仅要总结经验，还要吸取教训。活动中良好的经验，加以总结并提炼，可为日后活动提供参考与借鉴。活动中暴露出来的不足之处，要理清并认识到是哪个环节的问题，以便在后续活动中得以改进与提升，让活动精益求精。

相关链接："阅读辅导课"的开展——以苏州市胥江实验中学为例

苏州市胥江实验中学开展的"阅读辅导课"，是由学校图书馆与学校各教研组老师共同协作完成的，包括主题、内容、班级、时间的确定等，具体授课由图书馆工作人员执行。"阅读辅导课"纳入胥江实验中学校正常的教学计划课时中，班级轮流来图书馆，由专业馆员、校内外老师在阅读书目、阅读方法、阅读习惯等方面对学生进行引导，锻炼学生"在阅读中判断、在判断中阅读"的能力。

一、"阅读辅导课"开展的背景

苏州市胥江实验中学将其图书馆委托给苏州图书馆，由苏州图书馆将其作为分馆之一直接进行管理。该分馆的工作人员由苏州图书馆统一招聘、培训，经考核合格后委派上岗。该分馆是苏州图书馆与学校合作建设的第一家分馆，也是全国第一家中学将其图书馆委托给公共图书馆进行管理。作为首家由公共图书馆进行管理的中学图书馆，为了更好地担当起学校图书馆的责任、履行好学校图书馆的职能，图书馆在支持正规教育的前提下，充分发挥公共图书馆的专业优势，积极辅助学生多读书、善读书，帮助学生养成良好的阅读习惯，掌握正确的阅读方法[①]。为此，图书馆在活动开展前进行了专门的调查研究，就学生的阅读习惯、阅读需求等与老师、家长及学生进行了交流，并结合图书馆的借阅情况等综合分析，发现学生在阅读方面存在的问题主要有：阅读时间不足、阅读内容单一、阅读能力不强等。在这样的背景下，图书馆经与校领导沟通，在得到校领导的首肯后，着手开设"阅读辅导课"，针对学生阅读需求开展有关阅读方面的指导和帮助，一方面开阔学生的视野，延伸学生阅读；另一方面培养学生的阅读兴趣，提升学生的阅读能力。

二、"阅读辅导课"的策划

"阅读辅导课"活动不仅要能吸引学生积极参与其中，更重要的是要能帮助学生养成良好的阅读习惯，同时开阔学生的阅读视野。针对中学生的阅读特点，结合学校的教学安排，图书馆和学校相关教研组积极探讨，设计不同的阅读主题，引导学生读好书，善读书。阅读兴趣是学生自觉阅读的前提。只有激发学生的阅读兴趣，才能引导学生积极阅读，进而提升学生的阅读能力。因此，在策划"阅读辅导课"时，着重从以下几方面进行考虑：

（一）"阅读辅导课"的主题设计

"阅读辅导课"主题设计旨在开阔学生的阅读视野与提升学生的阅读能力，因此主题设计能否吸引学生至关重要。因此，图书馆在与学校充分沟通的前提下，结合传统节日、社会热点、校园主题月、经典名著赏析等，设计不同的系列主题活动，如"传统节日知多少""一起来推理""经典赏析""光阴的故事——24节气"等，让学生有兴趣愿意参与其中。如随着《中国诗词大会》节目的热播，激发了大众对诗词的热爱，"阅读辅导课"实时策划了"趣味诗词"主题活动，让同学们跳出课本的框框，换个角度去欣赏经典。同时图书馆为学生提供了相关推荐书目以及便捷的书目查询手段。此外，结合苏州市阅读节主题，图书馆还会设计相关的主题活动，让学生积极参与到图书馆的各项阅读活动中来，养成利用图书馆的良好习惯，以引起学生、家长及老师等对阅读的重视与关注。

① 许苑．浅谈如何利用中学图书馆开展阅读辅导［J］．图书与情报，2009（6）：157–159.

（二）"阅读辅导课"的内容设计

"阅读辅导课"能否吸引学生积极参与其中，活动内容是否新颖，直接影响此项活动能否顺利、持续开展。以苏州地方文化主题为例，首先图书馆设立专门的图书专架，并设计相关的问题环节，通过阅读从书中获取相关答案，并赢取一定的奖励，激发学生的参与热情。其次利用"阅读辅导课"进行拓展阅读，通过共读分享、观看纪录片、视频等，从情感上、视觉上加深对家乡文化的了解。再就是图书馆会邀请当地的地方文化名人等，通过主题讲座、知识沙龙的形式与师生进行主题分享，让学生对一个主题有一个深入、全面的了解。再如经典赏析主题，通过角色扮演、精句分享、心得感受等形式交流对经典的理解，并在专业老师的指导下，准确把握作品中的文学内核、人物特点等，更好地理解一部经典文学作品的伟大之处，让学生在感受文字魅力的同时，提升学生的阅读能力与鉴赏能力。

（三）"阅读辅导课"的执行保障

中学生课业压力大，"阅读辅导课"的顺利开展，必须得到学校上至领导下至老师的支持与认可。苏州市胥江实验中学校"阅读辅导课"列入学校的教学课时，是对"阅读辅导课"顺利开展的有力保障。此外，"阅读辅导课"策划时，一定要避开学生的考试阶段等，以免与之相冲突，使学生参与度不高，进而影响相关活动的推广。当然，"阅读辅导课"要不断丰富其自身内容，创新活动形式，并与学校正规教育形成良性互动，并赢得学生的认可与参与，才能持久、可持续发展下去。

三、"阅读辅导课"的组织与开展

"阅读辅导课"结合学校的教学安排，基本利用下午一小时，分批轮流为各个班级开展活动（以初一学生为主），一般一周安排3~4次，地点以图书馆为主，偶尔会走进教室与学生互动。"阅读辅导课"的组织开展主要做到以下几点：

（一）确认时间

因为"阅读辅导课"涉及的相关班级较多，图书馆要与学校学生处、教导处等相关负责部门，确认好各个班级"阅读辅导课"的具体安排时间，保障活动能按时顺利进行。如遇特殊情况，时间临时有变动，应及时做好沟通协调工作。若活动邀请校外专家、学者进行主题分享时，要提前与受邀老师确认好时间、地点、参与人数以及参与对象等，方便老师针对受众群体准备分享内容，安排分享时间。此外，也要和受邀老师沟通好现场分享时长，尽量不延长分享时间，以免耽误学生后面的课时等。

（二）核实活动细节

首先，活动所需设备能否正常使用，如投影仪、电脑、话筒等，场地内桌椅是否与所参与学生人数相当，若桌椅不够需提前准备到位。其次，图书馆授课工作人员要着工装，佩戴工号牌，注意规范着装，对于分享内容要做到胸有成竹，能灵活应对学生的各种提问与互动。再就是相关主题的推荐图书是否准备到位，方便活动结束后学生进行借阅。若是邀请校外专家、学者等进行主题分享，要提前约定合适的场地、参与人数，确认课件能否正常播放以及受邀老师有什么互动环节安排或现场要求。最后就是活动现场秩序的维持，若有互动环节，是否有工作人员递接话筒、把控互动时间等。

图4-1　"阅读辅导课"之馆员讲解　　图4-2　"阅读辅导课"之学生互动

（三）活动后的撤离

活动后的撤离主要包括两部分：一部分是组织学生安全、有序撤离。要提前规划好每个班级的撤离路线，活动结束后，指挥学生有序撤离，避免推搡甚至是踩踏事件的发生。一部分是现场活动背景板、宣传海报、设施设备的拆卸归置、桌椅的摆放等，保证活动场地的整齐有序。

四、"阅读辅导课"的成效

"阅读辅导课"活动的持续开展，不仅让"阅读辅导课"成为苏州市胥江实验中学校一张亮丽的名片，而且也拉近了图书馆与学校师生的关系，让图书馆成为师生的学习园地之一，提升了图书馆在学校教学中的作用和地位，让图书馆资源得到更充分的利用。

"阅读辅导课"通过丰富的内容、多样的形式，激发了学生的阅读兴趣，让学生在参与活动中感受到阅读的魅力。在活动中逐渐树立了学生的阅读意识，引导学生养成良好的阅读习惯，并认识到阅读的重要性。图书馆逐年攀升的借阅量，一定程度上也反映了学生对阅读的认识与重视。

"阅读辅导课"的开展，一定程度上促进了学生阅读能力的提高。如对于一些经典名著，通过分享共读、角色演绎、抒写心得等形式，加深了学生对著作的深入了解。此外，学校成立文学社等各种社团，得到学生的积极响应与参与。包括文学社在内的各种社团与图书馆积极互动，由图书馆提供相关的文献资源等，帮助学生延伸、拓展相关知识，促进学生阅读能力的不断提高。

五、对"阅读辅导课"的思考

"阅读辅导课"迄今已开展十年多，开展过的主题有几十个，听课学生万余人，怎样将"阅读辅导课"更好地融入学校的教学活动中，使"阅读辅导课"与学校教学相辅相成，更好地持续发展下去，值得深入思考。

一方面是怎么将分享过的众多主题系列化、主题化，逐渐形成自己的品牌系列，走出校园，让更多青少年受益；一方面是馆员专业素养的提升。苏州市胥江实验中学校图书馆工作人员由苏州图书馆委派，既有积极的一面，也有不足之处。委派的工作人员对图书馆工作更专业，但对于中学生的心理特点、阅读需求的了解有待进一步提升。因此，图书馆馆员在不断加强与在校老师的沟通时，也要不断提升自身素养，学习相关知识，了解中学生的心理，以便更好地服务中学生。再就是要通过科学、有效的方法，对参与"阅读辅导课"的学生进行跟踪调查，了解他们在提升阅读能力、树立阅读意识方面的变化，从而更好地推动"阅读辅导课"活动持续、有效地开展下去。

资料来源：许苑.浅谈如何利用中学图书馆开展阅读辅导 [J].图书与情报，2009（6）：157-159.

第五讲
中学生阅读推广平台

第一节 读书会

一、什么是读书会

读书会是指由一群人定期聚会，针对一个主题或问题，进行有计划的学习，分享和交流读书心得的团体阅读活动。读书会面向所有的学生，以书会友，找回阅读的乐趣，激发思考能力，练习清楚表达，学习理性沟通，尊重不同想法，拓展观点视野，培养解决问题的能力，加强阅读者的分析组织及表达能力，认识、重回心灵家园，以至达到终身学习的目的①。

二、读书会对阅读推广的作用

从促进阅读的效果来看，读书会是一种特殊形式的小团体互动形态的研读，人们通过参加读书会可以交流思想，倾听、分享阅读成果，进而激发阅读兴趣，培养阅读习惯，提升阅读能力。从参与对象来看，读书会是全民都可以参与的一种非正式的阅读组织，参与者因共同兴趣聚焦在一起，没有门槛限制，无须具备

---

① 徐婵.创建读书会 营造书香校园——语文加试题之名著名篇阅读题应试策略［J］.语文论坛，2015（6）：24.

特定的学术背景。可以说，读书会是推动全民阅读的有效实践形式，如进一步加以普及推广，将会更好地促进全民阅读风气的形成[①]。

读书会是开展中学生阅读推广的重要途径。通过成立读书会，开展多元的阅读活动，例如电影沙龙、文化交流讲座（分享会）、主题读书沙龙、故事会、二手图书交换等活动，为学生搭建互动交流的平台，引导他们从不同角度、媒介去感受阅读的乐趣，学会在群体中表达和分享自己的观点和想法；同时，在这种同好聚会的交流学习中，学生之间互相倾诉、聆听、关怀和支持，让个体更积极而从容地面对成长的种种困惑。在上述自主、自由、多元、开放、合作的氛围中，必将激发学生主动学习的动力，驱使他们去经历另一个阅读循环：想去看看朋友们感兴趣的书，也想去阅读更多自己感兴趣的书。[②]

三、读书会阅读推广案例

国内一些中学通过积极组织读书会活动，来推动中学生阅读，以广东实验中学图书馆（简称"省实图书馆"）为例。自 2015 年 10 月起，共举办了 7 次读书会活动。每学年举办两次，并且大多数安排在周五的晚上。通过自愿报名的方式在全校征集主讲人和听众，并且在征集环节通过海报、微博、微信公众号发布读书会的举办时间、地点、主题。具体流程如下：

（一）读书会前期准备

读书会前期进行读书问卷调查，初步了解读者的兴趣和爱好。初期考虑到人气不足，主动邀请学校的名师或者校外名作者进行主讲，如著名作家程玮、饶雪漫，后期转为自由报名然后通过筛选的方式确定主讲人，自由报名者分享意愿更为强烈，分享的内容更为精彩和个性化。

（二）读书会的报名

读书会前期只要报名就能参加，发现活动的听众太多，整个活动的效果并不是很好，主讲人和听众的互动交流不足，后来控制听众的数量，只有 20 个人参

---

① 吴惠茹. 以读书会促进全民阅读探析［J］. 国家图书馆学刊，2014（6）：33–38.
② 林翠贤. 青少年阅读推广实践研究——以华南师范大学附属中学图书馆为例［J］. 图书馆论坛，2011（8）：70–72.

加，在图书馆的教师资料室进行，以半圆面对面的沙发进行读书会，增加互相交流，也提高了环境的舒适度。

（三）读书会的活动现场

主讲人根据阅读的一本书分享自己的感想，著名作家程玮主讲的《豆蔻年华》通过一群来自不同家庭、观念不同、性格迥异的中学生校园生活，展示了新时期少年的精神风貌和成长历程。然后听众提出自己的问题，主讲人一个个回答听众的问题。这样的形式现场气氛不活跃，难以调动听众的积极性。后来改为主讲人讲解限制在 30 分钟内，其他时间进行讨论，参与者针对本次读书会的主题内容相互讨论，激发智慧的火花。如分享《时间简史》这本书时大家讨论的话题不再局限于这本书的内容上面，而是扩展到生活上面的一些问题和现在热门的一些科技热点中。这种各抒己见的方式调动了大家的热情度，提升了活跃程度。

（四）读书会的总结宣传

每次活动后都会根据反馈的意见进行总结改进，然后通过校园海报、图书馆微信公众号、微博等进行宣传，让更多人能了解到这次活动的过程，从而达到真正的阅读推广作用。

四、读书会阅读推广活动的延伸——中学生社团

有学者提出，除了利用读书会平台开展阅读推广以外，学校还可以充分利用学生的课余时间，借助中学生社团的力量，参与学校图书馆的阅读推广工作，激发学生阅读兴趣。首先，中学生社团参与到中学图书馆的阅读推广具有重要的意义：第一，有利于培养中学生的综合素质，实现自我发展；第二，能够较好地缓解中学图书馆人员不足的现状，有利于推进阅读推广的工作 [①]。

其次，中学图书馆可以与学生社团开展多样化的合作阅读推广：第一，与社团合作开展各类阅读品牌活动，使其成为学生社团的标志性活动，激发学生的积极性；第二，通过每年的主题活动展示相关图书；第三，在社团中组建 living library（真人图书馆），将各个社团的志愿者纳入 living library，开发非文献信息

---

① 曹国凤 . 基于学生社团的高校图书馆阅读推广实践与思考［J］. 图书馆学刊，2015（12）：10–12.

产品，推广思想阅读，促进人文交流，创新图书馆服务[①]。

第二节　广播与电视

一、广播开展阅读推广活动的历史

广播是指通过无线电波或导线传送声音的新闻传播工具。广播具有对象广泛、传播迅速、功能多样、感染力强、费用经济等优势，是开展阅读推广活动的重要平台。利用广播开展阅读推广活动具有悠久的历史。1961 年 5 月，中央人民广播电台正式开办了《阅读和欣赏》栏目，这也是新中国广播史上第一档真正意义上的文学类节目。该栏目最大特点就是"名篇、名编、名播"。"名篇"是指选用的文学作品都是诸子百家、古文佳作、唐诗宋词、现代名篇、散曲杂剧等。"名编"是指文字编辑请到了叶圣陶、臧克家、萧涤非、吴小如、周汝昌等著名学者。"名播"是指演播朗读者是中央人民广播电台著名的播音员齐越、夏青等。这样的"三名"相融相合的广播节目，经过三十多年的锻造不仅收获了良好的口碑，更被广大听众比喻成"看不见的文学老师"[②]。

二、中学通过广播开展阅读推广活动

广播电台在传播过程中具有诸多优势，因此很多中学通过校园广播的形式进行书目、优秀作品、优秀著作的推送、展示及优秀读者介绍。如：《我爱读书》的阅读广播节目，节目由学生主持，广播的内容有诵读优美散文、介绍作者及对优秀作品进行简介等[③]。

---

① 何小玲. 中学图书馆以社团为阵地开展阅读推广工作探析［J］. 四川图书馆学报，2015（1）：97–100.

② 李申建. 全民阅读时代下看广播文学阅读类节目的复兴［J］. 现代试听，2017（12）：19–21.

③ 杨美容. 中学图书馆阅读推广策略研究——以广东肇庆中学为例［J］. 河南图书馆学刊，2016（11）：4–5.

（一）华师一附中广播电台

华中师范大学第一附属中学（简称"华师一附中"）前身是 1950 年 9 月中南军政委员会教育部创办的中南实验工农速成中学，1985 年更为现名。其是全国著名的重点中学，湖北省首批重点中学（1962 年）、首批省级示范高中（1997 年），被湖北省人民政府唯一命名的"窗口学校"（1992 年），高票当选"荆楚名片"（2009 年），系首批"武汉市群众满意中小学"（2011 年）。校园环境优美，设施设备先进，师资一流，有先进的办学理念和人才培养观，办学模式成熟，办学实力雄厚，校友有影响力[①]。

华师一附中初中部有自己的广播电台（https：//www.ximalaya.com/zhubo/43416949/），电台栏目分为"心理组专栏""音乐组专栏""科技组专栏""艺术组专栏""新闻组专栏"等类别。其中，包括林徽因的诗歌《你是人间四月天》、抒情散文《林清玄散文集》、舒婷的诗歌《致橡树》、美文《飞鸟集》、美文《青春与奋进》、美文《夕阳照入书房》等优秀的散文、诗歌作品，由广播台学生进行播送，配上舒缓柔和的音乐，给人以美的享受，让学生们潜移默化地受到文学的熏陶，培养对阅读的热爱。

（二）襄阳五中广播台

襄阳市第五中学始建于 1902 年，名为襄阳府中学堂，其前身为鹿门书院。从中学堂起，历经湖北省立十中、省立第五中学、省立第五高级中学、省立襄阳中学、襄樊市第五中学、襄阳市第五中学等阶段。1953 年列入湖北省首批 5 所重点中学。2001 年被省政府教育督导室、省教育厅命名为湖北省示范高中[②]。

襄阳市五中拥有自己的广播台，具体广播内容包括：周一，科技（介绍航天、军事、技术方面最新内容）；周二，文化（包括文学作品、民俗风情、地理历史等方面的介绍）；周三，影音（电影、音乐剧、舞台剧、乐评推荐等）；周四，体育（介绍体育项目或体育赛事最新赛况）；周五，时事（对本周重大政事新闻进

---

① 华中师范大学第一附属中学．学校概况［EB/OL］．［2019–11–22］．http://www.hzsdyfz.com.cn/Category_1/Index.aspx.

② 徐大保．襄阳市第五中学简介［EB/OL］．［2019–11–22］．http://www.xf5z.com/skin/skin001/News Open.php?news_id=7708.

行整合、报道）。广播台的内容对于扩大学生们的视野、增长学生们的知识、推动经典阅读都发挥了重要的作用。

三、电视在中学生阅读推广活动中的应用

从加拿大著名传播学家麦克卢汉冷热媒介的理论角度分析，电视媒介作为热媒介，综合利用声、光、电来传播信息，具有其他传播媒介，特别是书、报刊、广播所无法比拟的绝对优势。而阅读活动的客体大多是图书、报刊等冷媒介，它们对读者自身的文化水平和参与度的要求较高，在传播效果方面无法与电视媒介相比。所以，从这一角度来看，电视媒介这一"热媒介"可以弥补阅读活动的客体——冷媒介在实际传播方面的不足，在对图书、报刊等冷媒介的阅读推广方面具有书、报刊所无法具有的传播优势。因此，电视在中学生阅读推广活动中发挥着重要的作用。

有学者把电视阅读推广的形式归纳为：第一，电视读书节目。比如美国的《奥普拉读书俱乐部》、英国的《理查德与朱迪读书俱乐部》、法国的《毕沃读书》等。而我国的电视读书节目以央视的《读书时间》首开先河，还包括央视的《子午书简》、河北卫视的《读书》等。第二，公益广告。中央电视台拍摄了《读书·主持人篇》《读书·感悟篇》《读书公益广告·毕淑敏篇》《读书公益广告·康震篇》《读书公益广告·曹文轩篇》等，邀请电视台主持人和知名学者分享阅读的乐趣，讲述读书的方法，倡导全社会多读书、读好书，起到了很好的引领作用。第三，少儿频道和少儿节目中的读书活动、讲故事节目。如北京电视台青少频道的《悦读会》，是青少年电视频道中的一档有代表性的电视读书节目。它的产生，是我们探讨少儿频道、少儿节目如何进行阅读推广、倡导少儿阅读、培养青少年阅读兴趣和习惯的一个切入点和典型个案①。

值得欣喜的是，十八大以来，一批有内涵、高品质的阅读类电视综艺节目纷至沓来，火爆荧屏，直抵人心。从分享知识和智慧的《百家讲坛》，到探寻文字诗词之美的《中国汉字听写大会》《汉字英雄》《中国诗词大会》，再到以人生感悟传递主流价值观和正能量的《朗读者》《见字如面》……这些被称为"综艺节

---

① 张曼玲，彭媛，于捷.电视媒介在营造书香社会中的作用和途径分析［J］.新闻界，2011（6）：122-124，132.

目中的一股清流"的文化类综艺节目，坚持文化自觉和文化自信，传承弘扬优秀传统文化，于润物无声中成风化人，展现了较高的思想性和艺术性，既收获了较高的收视率，也赢得了观众的口碑，社会反响热烈。

第三节　报纸与期刊

作为传统意义上的信息传播重要媒介，报纸与期刊在阅读推广活动中发挥着重要的作用。笔者查阅了常州邮政局提供的《2020年邮政报刊征订目录》，发现面向中学生的报刊主要集中在这几个方面：第一，各学科辅导资料。例如《中学生数学》《中学生数理化》《中学生理化报》《中学生生物报》《中学生时事政治报》《中学生学习报》《中学生英语》等。第二，作文辅导资料。例如《中学生优秀作文》《中学生好词好句好段》《中学生作文辅导》《中学生文萃》等。第三，中学生课外读物。例如《少年大世界》《中学生天地》《中学生阅读》《中学生·青春悦读》等。可以发现，现在的中学生阅读报刊主要侧重于提升学生在语文学习中阅读理解答题方面的能力，但对于向中学生推荐优秀的图书目录以及传播一些正确高效的阅读方法还有进一步提升的空间。

另外，一些中学图书馆自行编辑的内部期刊，也会致力于开阔中学生的视野，培养学生们的阅读素养。例如，江苏省海门市能仁中学图书馆因主编了特刊《书香满园》《翰墨飘香》，分别获得2012年、2013年全民阅读先进单位称号，是全国中小学系统唯一获评单位。《江苏省海门市能仁中学图书馆创新阅读教学活动案例》在2012年中国图书馆学术年会展览会上进行了展示;《中学复合图书馆辅助阅读教学实践研究》(http://www.docin.com/p-1088264377.html)案例在中国图书馆学会2013年"全民阅读案例征集与评选"活动中荣获了一等奖，这是全国唯一一家中学图书馆获此殊荣;能仁中学图书馆以上荣誉的获得，是对能仁图书馆阅读推广活动效果最好的证明 ①。

---

① 张怡璟.中学图书馆阅读推广活动的设计与实践——以江苏省海门市能仁中学图书馆阅读推广活动为例 [J].河南图书馆学刊，2018（6）：9–11.

目前，一些正式出版的读书、报刊，如《读林》《书林》《博览群书》《文汇读书报》《中国图书评论》《书城》《书品》《中华读书报》《书屋》等成为传播读书文化的主力军。一些由民间组织或图书馆创办的刊物，如《阅微》《悦读时代》《读读书》《今日阅读》《芳草地》《文澜》等民间刊物也相继面世，在阅读推广方面发挥了很大的作用[①]。所以，图书馆创办刊物既可以连接图书馆与用户，也可以传递图书馆信息，包括新书信息、服务、书评等等[②]。

作为中小学图书馆来说，条件允许的情况下，也可以借鉴以上经验，开办馆办刊物，并向读者宣传馆办刊物。考虑到人手不足等问题，可以一季度一期，或一学期一期。当然，如果学校有校办刊物，也可以争取一个板块，推荐图书信息、读者感悟等，用于宣传推广图书馆阅读。国内一些中学图书馆有自己的馆刊，如佛山一中图书馆的馆办刊物《悦读》。以 2008 学年第一期《悦读》为例，该刊物分为《专题》、《书香一中》、《义工心语》、《图林漫步》和《公告栏》等栏目，这一期的《专题》围绕的是作家柏杨，包括"生平评说""震撼之作""典藏柏杨""我读柏杨"等类别，内容全面细致。而《书香一中》一栏包括"新书架"、"期刊精品"、"2007—2008 学年图书借阅排行榜"和"2007—2008 学年阅读之星"等内容，对于学生们阅读图书有推荐和指导的作用。《图林漫步》则包括"世界著名图书馆巡礼——美国国会图书馆""图书馆利用法""图书趣谈——漫画的起源和定义"等内容，介绍了更多与图书馆及图书有关的知识，增强了刊物的趣味性和可读性。

华南师范大学附属中学图书馆也拥有自己的馆办刊物——《书苑》[③]，这是一份校内发行的阅读指导刊物，供指导校内学生阅读之用。该刊物从 2001 年到 2005 年之间一直更新发行（从网站上只能看到这些更新信息）。《书苑》刊登的文章涉及范围较广，既有指导阅读的《读书的幸福》《教育与阅读》《科普阅读》等文章，也有《改革"教育改革"——"孩子之死"系列评论之九》《城市文化与公民素质——兼谈"9·11"》《作为伦理文化价值核心的人道主义》等关注社会热点的时评文章，也有《大学之功能与大学生的责任观》《培养独立工作和独立

---

① 徐雁. 全民阅读手册［M］.深圳：海天出版社，2011：550.

② 李超平. 公共图书馆宣传推广与阅读促进［M］.北京：北京师范大学出版社，2013.

③ 林翠贤. 书苑［EB/OL］.［2019–12–11］. http://library.hsfz.net.cn/shuyuan/article/index.asp.

思考的人》《青年在选择职业时的考虑》等指导学生们学习和就业方面的文章。该杂志既起到了宣传推广阅读的作用，也开阔了学生们的眼界，增长了学生们的见识，理论联系实际，受到师生们的欢迎。

中国人民大学附中图书馆拥有自己的馆刊——《图书馆报》[①]（现已改名为《信息速递》）。该刊物由工作人员精心编辑，每月出版一期，内容包括《期刊推送》《好书推荐》《文津图书奖》《人物中国》《美文共赏》《笔趣阁》等栏目，切合中学生年龄段的学习和生活。《期刊推送》每次推送两种优秀期刊，《好书推荐》每次推荐 8 本优秀图书，《人物中国》每次介绍一些文化名人的事迹，是一份可读性较强的馆办刊物，不仅可以指导学生们的课内外阅读，也有助于他们健全人格的养成。

优质教育期刊对促进教师专业发展、提升教学研究能力，一直发挥着重要的作用；优秀少儿期刊更是少儿基础阅读的重要组成部分。2016 年，中国教育装备行业协会和中国期刊协会曾联合发文，向全国中小学图书馆推荐了经过评委会评审的 50 种优秀期刊；2017 年，又征集评审了 100 种优秀馆配期刊。该项工作对中小学图书馆期刊馆藏建设起到了很好的指导作用，受到了广大中小学校的肯定和欢迎。

2018 年 5 月，教育部修订发布的《中小学图书馆（室）规程》明确规定中小学图书馆要按照小学 60 种、初中 80 种和高中 120 种的品种数量订购配备期刊。为此，中国期刊协会、中国教育装备行业协会将联合向全国期刊出版单位征集适合中小学教师和学生阅读的优秀期刊，并组织权威专家评审，按照小学 80 种、初中 100 种和高中 150 种的品种数量要求推荐、编制《2019 中小学图书馆馆配期刊目录》，供各级教育装备部门和中小学校配备馆藏期刊时参考。2019 年 9 月 2 日，最终评选出《中小学图书馆推荐优秀期刊目录》，包括中学教师刊 48 种，中学生刊 69 种，小学教师刊 23 种，小学生刊 51 种，合计共 191 种优秀期刊[②]。可以看到，在 69 种中学生刊中，覆盖范围广泛，有《译林》《散文》《青年文摘》

---

① 图书馆报.期刊推送［EB/OL］.［2019–11–22］. http://library.rdfz.cn/report.html.

② 教育技术装备中心.关于向中小学图书馆推荐优秀期刊的函［EB/OL］.［2019–11–22］. http://www.cpa–online.org.cn/WKE/WebPublication/wkTextContent.aspx?contentID=9e11 b68c–d157–4de7–bb6f–8365b610f632.

《小说月报》《萌芽》《小小说选刊》《读者·校园版》《儿童文学》《中外文摘》《中国校园文学》《诗潮》等文学读物，可以提升孩子们的文学素养，增强学生们的作文能力；有《电脑爱好者》《英语世界》《微型计算机》《博物》《科学画报》《兵器知识》《科普天地（中学版）》等科普读物，有助于开阔孩子们的眼界，增长孩子们的知识；有《初中生之友》《少男少女》《中学时代》《高中生之友》《今日中学生》《初中生世界》《中学生》《心理与健康》《青春期健康》《爱你·阳光少年》等青春读物，符合中学生的年龄特点，有助于他们形成正确的人生观、世界观、价值观，健康度过青春岁月。《中小学图书馆推荐优秀期刊目录》的刊发，对于指导中学生的阅读以及人格养成都有重要的意义。

第四节　网络媒体

一、网站

在网络时代，设置图书馆主页或网站是一种大趋势，也是学校进行阅读推广的一种重要方法。目前，一些优秀的中小学图书馆开通了图书馆主页，还有一些中小学图书馆利用图书管理系统自带的书目查询网页。

华南师大附中图书馆的图书馆网站就设置了"服务指南""数字资源""书海导航""图书馆利用法""学习空间""自助图书馆"等板块，发布内容包括图书馆活动动态、图书借阅排行榜、读书沙龙 DIY、硕博论文查询、研究性学习指引、好书推荐等信息[①]。中国人民大学附属中学图书馆也拥有自己的网站（网址：http：//library.rdfz.cn/），网站包括"本馆概况""读者服务""数字资源""新闻公告"和"数字检索"等板块。另外，首页还专门开辟了"精品图书"和"书香校园"两个板块。前者介绍适合青少年阅读的各学科优秀图书，后者主要介绍图书馆开展的各类阅读活动，如读书文化节系列活动、新生培训、师生座谈会、迎新春"阅读·交流·分享"活动、"庆元宵　猜灯谜"有奖竞答活动、"好书伴成长"

---

① 华南师大附中图书馆［EB/OL］.［2019–11–18］. http：//library.hsfz.net.cn/.

爱心捐赠活动等，活动形式多样，内容丰富多彩。

　　而重庆中小学数字图书馆（http：//www.cqslib.org/）则是一个值得借鉴的阅读推广网站。它分为"推荐图书""推荐期刊""阅读指导""知识库""活动""专题阅读""数字书屋""好书伴成长""动画绘本""测评作业""有声读物""经典导读""测评图书""外文资源"等板块。"推荐图书"按各个学科罗列了优秀的图书，会员可以通过超星阅读器浏览图书。该板块还有"书友评价""书友心得""最近阅读""相关推荐"等项目，帮助会员找到更多同类型的书和更多志同道合的书友。另外，该板块还列出了小学一年级至高中三年级的必读书目，给家长和学生的阅读提供了参考。"推荐期刊"板块按月列出期刊人气排行榜，方便读者查找热门期刊。"阅读指导"罗列了各种阅读指导课程，包括成长系列、民间传说、科学益智、课本剧、影视阅读、晨诵、童话小说、绘本故事、百科知识、名著系列、国学经典、人物传记、历史文化等类型，会员可以登录后学习这些指导课程。"专题阅读"则按"童心妙笔""教学资源""课外阅读""茶余饭后""艺术人生"等类型罗列了相关专题的图书，方便学生按照专题进行定向阅读。"图书人气排行榜"按月列出了每月的热门图书，给读者提供参考建议。"个人积分排行榜"和"校园排行榜"列出了排名靠前的个人和学校名称，对于所有会员有榜样激励的作用。"活动"板块则列出了各种阅读推广活动，"活动分类"分为"征文活动""专题行动""我读我演""学科竞赛"等，"活动状态"分为"我能参加""进行中"和"已结束"，"活动区域"则包括重庆市下辖的所有县市区。可以看出，重庆中小学数字图书馆是一个功能全面、影响力较大的阅读推广网站，其成功经验值得推广和借鉴。

二、博客、微博

　　前些年，随着博客的出现，一些图书馆以及图书馆界的教授、馆长以及馆员在各个博客平台开通了博客，通过博客开展图书馆的宣传活动，进行各种交流活动，并形成了图书馆界的学术交流圈子。而微博是一种非正式的迷你型博客，是一种结合即时消息和博客特点的发布消息的系统。一些中学图书馆也开通了图书馆博客和微博，利用博客和微博等新兴媒介进行图书推介，发布图书馆的各种信息。例如，成都华西中学图书馆于 2011 年创建了"成都华西中学图书馆"博客，该博客建立了 14 个板块："图书馆概况""读者指南""阅读课教案""馆藏推荐""读书活动""阅读感悟""美文欣赏""音乐欣赏""美术欣赏""影视欣赏""文化巡礼""美丽华西""读报栏""论文"。并根据馆藏资源及阅读教学情况及时上传相关资源，丰富其内容。图书馆博客起到了延伸阅读课的作用。该博客收录了学校部分学生的原创作品、读书笔记、阅读视频、图片、读后感等，让学生之间相互展示和欣赏，激励学生，增强学生的荣誉感，提高学生阅读的兴趣。同时，阅读教案，课件、视频、论文等的展示，也增强了图书馆教师的责任感。图书馆博客还起到宣传学校、宣传师生以及与社会互动交流的作用[1]。

珠海市第三中学图书馆的微博做得较好，并且长期保持更新。推送的内容包括新书推荐（内容简介、作者简介、书评、索书号等）、每月阅读数据统计、志愿者风采、专题阅读推荐书单、新生入馆攻略、诵读活动、图书馆文化节系列活动等，内容丰富多彩，而且符合中学生的年龄特征和阅读习惯，搭建了学校与学生沟通的桥梁，很好地宣传了图书馆的资源和服务，也充分发挥了学生们的主观能动性和参与性[2]。

业内有学者曾在新浪微博上对中学图书馆的微博进行调查，指出了问题：微博的开通时间比较晚；微博服务内容比较单一；发布微博的数量少，微博更新不及时；关注数、粉丝数少，影响力不够[3]。为此，学者给出了一些立足微博开展图书馆服务的策略，包括：建立微博管理团队，制定微博的发布流程；定位微博功能，拓展微博内容，持续开展服务创新；及时更新微博，让微博保持活跃；加强微博宣传，吸引读者关注，提高凝聚力；关注优秀微博，加强与同类微博的交流，提升微博的影响力；立足微博平台，开展各种读书活动[4]。

① 成都华西中学图书馆. 成都华西中学图书馆特色简介 [EB/OL]. [2019-11-13]. http://blog.sina. com.cn/s/blog_9251396c0102v2k1.html.
② 珠海第三中学图书馆发. 珠海三中图书馆微博 [EB/OL]. [2019-11-13]. https://weibo.com/ p/1002062097746803/home?profile_ftype=1&is_all=1#_rnd1573653519802.
③ 徐德军. 微博在图书馆应用现状分析及建议 [J]. 图书情报论坛, 2012（1）: 26-29.
④ 王鸿飞. 中小学图书馆建设实践与阅读推广 [M]. 广州: 广东教育出版社, 2016: 177-179.

三、微信公众号

进入 Web2.0 时代以来，新媒体的出现为图书馆阅读推广提供了更加新颖的手段。一些中学图书馆也应与时俱进，利用这类社交媒体，不断创新服务模式。比如，郑州七中高中部图书馆把微信打造成阅读推广平台，通过开通家长微信公共账号，对学生及其家长进行阅读的宣传与推广。阅读推广内容主要包括：新书通报、图书推荐、读者评选、微阅读，微书评。图书馆针对不同爱好、不同层次的读者，利用微信朋友圈，将馆员编制的书单推送给读者。微信公众平台可以让阅读推广活动变得更加快捷，激发更多读者的阅读兴趣，为了增加微信平台的亲和力，郑州七中图书馆还设置"读者推荐"菜单，让学生成为推荐的主体[①]。

有学者曾经做过调研，目前开通微信公众号的中学图书馆并不太多，日常推送的信息主要包括活动通知、活动报道、图书推荐、在线阅读等。存在的主要问题在于数量不多，公众号建设不规范，缺乏合理的规划，内容建设匮乏，不能正常有效运转，甚至荒废，以至于不能很好地发挥微信公众平台拓宽图书馆服务和阅读推广渠道的作用。因此，学者提出了相应的解决措施：规范创建账号、加大宣传力度、注重内容建设、积极开展推广和互动、加强团队建设等[②]。在内容建设方面，有学者更给出了具体的建议：第一，紧密结合本馆资源，将优质的馆藏资源通过微信进行宣传推广，让更多的读者了解和利用；第二，立足碎片化阅读，引导深度阅读；第三，切合社会热点、阅读热点等进行相关信息推荐，保证信息的时效性；第四，注重线上、线下阅读推广相结合；第五，整合平台信息，制作"精华阅读"。从如何吸引用户关注与阅读，到引导用户阅读，是微信公众平台运营团队需要不断探索和解决的问题[③]。

四、听书平台

根据中国新闻出版研究院发布的《第十五次全国国民阅读调查报告》，手机

---

① 贾丽莎. 关于中学图书馆阅读推广实践的研究［J］. 教育时空，2015（3）：164–165.

② 郑惜莲. 中学图书馆微信公众平台服务分析与应用策略研究［J］. 中国现代教育装备，2016（5）：13–16.

③ 王鸿飞. 中小学图书馆建设实践与阅读推广［M］. 广州：广东教育出版社，2016：186–187.

和互联网已成为我国国民每天接触媒介的主体，国民人均每天手机接触时长为80.43分钟，比2016年的74.40分钟增加了6.03分钟；人均每天互联网接触时长为60.70分钟，比2016年的57.22分钟增加了3.48分钟。

调查也发现，有声阅读成为国民阅读新的增长点，移动有声app平台已经成为听书的主流选择。2017年，0~17周岁未成年人的听书率为22.7%。具体看来，14~17周岁青少年的听书率最高，达28.4%；9~13周岁少年儿童和0~8周岁儿童的听书率相差不大，分别为20.9%和20.7%。同时，听书的方式也很多元，有10.4%的人选择移动有声app平台听书；7.4%的人选择通过广播听书；5.3%的人选择通过微信语音推送听书。从听书内容看，在有过听书行为的未成年人中，听书内容以"听英语或进行其他语言学习""听诗歌朗诵""听故事（情感故事、少儿故事等）"为主[1]。

相较于传统阅读方式，有声阅读的优势主要体现在三个方面。一是有声阅读实现了阅读的均等化；二是有声阅读增强了阅读理解力；三是有声阅读实现了阅读时间的全覆盖。有书共读app开创了领读模式，通过语音领读、发表读书笔记等形式，降低读书难度，激发读书兴趣，不但解决了读者对经典文学的选择问题，还能帮助读者坚持阅读。此外，有书共读还通过设置阅读签到、组队、成长奖励等形式，帮助共同爱好阅读的读者，或者是共同喜欢某本书的读者建立密切关系，以"组队阅读"的方式，让他们共同完成阅读任务，使得阅读变得更加有趣，更有成就感[2]。

---

[1] 新浪读书.第十五次全国国民阅读调查报告发布 [EB/OL].[2019–11–14]. http://book.sina.com.cn/news/whxw/2018–04–18/doc–ifzihnep4386289.shtml.

[2] 杨雪.阅读推广3.0时代：新媒体助推全民阅读 [J].出版广角，2018（6）：21–24.

第六讲
中学图书馆

中学图书馆是辅助中学教学的重要场所，在正式教育阶段对中学生的学习和课外活动都有着重要的辅助作用，不仅为中学生提供课外阅读文献，还从信息素养、阅读方法、兴趣培养方面提升中学生的综合素质。中学图书馆在中学生阅读推广工作中扮演着重要的角色，是中学校园开展阅读推广活动的重要载体，是建设书香校园的主要力量之一。当下，全社会日益重视素质教育，越来越注重培养青少年综合素养，中学图书馆在这一教育职责中的作用也应更加被关注和发挥。

虽然图书馆在中学教育中的重要作用和不可或缺的地位逐步得到认可，中学图书馆的建设及服务开展等方面仍然存在不少问题，如重建设轻应用，一些中学图书馆的建筑环境及阅读条件布置得很好，配置了相当数量的图书、报纸和期刊，还购买了一定数量的电脑供师生使用，但这些好的设施设备及文献资源往往被闲置，图书馆未能正常开放和提供正常的阅读服务。一些中学在图书馆管理员的设置方面也不够专业，有的中学建设了图书馆却没有图书馆管理员，有的中学图书馆管理员由后勤老师兼任，还有些中学图书馆只有学生志愿者。如何科学合理地设置中学图书馆以及以此为阵地进行文献资源建设和开展各类阅读推广活动，更好地适应中学生综合素养提升以及满足教师教学科研的需求，真正发挥中学图书馆应有的作用，是社会和学校十分关心的话题。

第一节　中学图书馆的建设

中学图书馆作为学校专门收集、整理、保存和传播适应师生需求书籍的专门机构，有责任和义务在课堂内外发挥其应有的作用，充分利用文献资源高度聚合的优势，服务于正式学习和师生兴趣培养及提升。为使图书馆的效能最大化，中学应根据实际情况确定建设规模及配置相应的图书、报纸、期刊、数据库资源等，同时还应根据图书馆的规模选择相适应的业务系统。

一、中学校园应配备图书馆（室）

中学校园配置图书馆是国际惯例，1999 年国际图联（International Federation of Library Associations and Institutions，IFLA）与联合国教科文组织（United Nations Educational，Scientific and Cultural Organization，UNESCO）共同制定并颁布了题为《全员教与学中的中小学图书馆》（*The School Library in Teaching and Learning for All*）的《中小学图书馆宣言（1999）》（*IFLA/UNESCO School Library Manifesto 1999*），指出中小学图书馆是教育过程的组成部分，中小学图书馆对于识字、教育、信息提供以及经济、社会和文化发展的长期战略是必不可少的，宣言从宗旨、任务、法规经费和网络、服务目标、从业人员的条件和职责、运作与管理等方面对中小学图书馆做出了规定 [1]。国际图联在 2015 年又发布了《国际图联中小学图书馆指南（第 2 版）》（*IFLA School Library Guidelines，2nd revised edition*），对国际图联和联合国教科文组织 2002 年联合发布的该指南文本进行了修订，对学校图书馆的使命与方针、法律与经费框架、人力资源、实体与数字资源、项目与活动、评估与公共关系等进行规范描述，旨在协助学校图书馆从业者和教育界的决策者尽力确保学生和教师群体能够获取有效的图书馆项目和服务 [2]。

我国政府文件及相关标准对中学建设校园图书馆也做出了明确的要求，2018 年《教育部关于印发〈中小学图书馆（室）规程〉的通知》（教基〔2018〕5 号）中明确指出"图书馆是中小学校的文献信息中心，是学校教育教学和教育科学研

---

[1] 徐斌 . 国际图联《中小学图书馆宣言（1999）》解析［J］. 中国图书馆学报，2001（5）：91–93.
[2] 国家图书研究院 .《国际图联学校图书馆指南（第 2 版）》发布［J］. 国家图书馆学刊，2015（5）：98–98.

究的重要场所，是学校文化建设和课程资源建设的重要载体，是促进学生全面发展和推动教师专业成长的重要平台，是基础教育现代化的重要体现，也是社会主义公共文化服务体系的有机组成部分。"图书馆是中学校舍重要的组成部分，图书馆馆舍建设应当纳入学校建设总体规划，《城市普通中小学校校舍建设标准》（建标〔2002〕102号）和《农村普通中小学校建设标准》（建标〔2008〕159号）将图书馆（室）列入教学及教学辅助用房，《城市普通中小学校校舍建设标准》要求九年制学校、初级中学、完全中学和高级中学都应设置图书馆等作为公共教学用房及辅助用房，《农村普通中小学校建设标准》将图书室作为必须配备的基本校舍用房。

二、中学图书馆的基本建设条件

中学图书馆的基本建设条件主要指所处的位置、建筑面积要求、功能分区及采光照明要求等。有关设计规范、建设标准及文件都对以上条件做了明确规定，教育部《中小学图书馆（室）规程》要求有条件的中小学校设立独立的图书馆舍，应当有采编、藏书、阅览、教学、读者活动等场所。图书馆应当重视馆内环境的绿化美化，具备良好的通风、换气、采光、照明、防火、防潮、防虫、保洁、安全等条件。接受残疾生源的学校图书馆应当设置无障碍设施及相关标志。图书馆应当配备书架、阅览桌椅、借阅台、报刊架、书柜、计算机等必要的设施设备，并有计划地配置文件柜、陈列柜、办公桌椅、借还机、打印机、扫描仪、电子阅读设备、复印设备、文献保护设施设备、装订设备、安全监测设备等相关设备。设施、设备应当符合学生年龄使用需要。《农村普通中小学校建设标准》要求"教学、图书、实验用房应布置在校园的静区，并保证有良好的建筑朝向"，图书室的面积12班600人的应不少于155平方米，18班900人的应不少于218平方米，24班1200人的应不少于281平方米。《城市普通中小学校校舍建设标准》规定城市普通九年制学校图书馆使用面积的标准应不低于18班202平方米，27班289平方米，36班381平方米，45班468平方米；城市普通初级中学图书馆面积标准应不低于12班181平方米，18班261平方米，24班340平方米，30班420平方米；城市普通完全中学图书馆面积标准应不低于18班283平方米，24班367平方米，

30 班 450 平方米，36 班 534 平方米；城市普通高级中学图书馆的面积标准应不低于 18 班 293 平方米，24 班 381 平方米，30 班 468 平方米，36 班 556 平方米。同时规定学校应保证图书阅览室的最佳建筑朝向，避免室内阳光直射，平均照度应不低于 200 勒克斯（lx），照度均匀度不低于 0.7。

三、中学图书馆建设的保障

针对中学图书馆建设中存在的一些问题，如资金、技术、人员等，应采取一定的措施予以保障，从而让图书馆在师生教与学的过程中发挥最大的优势[1]。

（一）经费保障

在经济条件较好的地区和学校，应按照相应的标准投入建设经费以及每年的运营管理经费，优化图书馆的软硬件条件。对于条件一般的地区和图书馆，应鼓励和发动社会力量参与，可以资金投入也可以捐赠设施设备及文献资源等。不过社会力量参与中学图书馆建设的过程，学校或学校主管部门应建立专门的监督考核机制，以规范资金使用和保证各种软硬件的质量安全及内容合适、合规、合法。

（二）人才保障

一支稳定的具有较高专业素养和道德修为的人才队伍，是中学图书馆发挥效能的关键因素。因此，中学图书馆管理员不仅需要具备图书馆学专业知识、计算机操作技能、中学教育知识，还应具备较高的道德修养。为更好地服务师生，图书馆员要定期或不定期接受培训，不断学习新的知识，努力创新，致力于提升自身的综合素养。

（三）技术保障

随着计算机技术与网络技术的发展，中学图书馆的信息化与现代化程度随之提升，图书馆应采用合适的业务系统以提高工作效率。中学图书馆还应根据师生的需求，在日常文献资源采购的基础上，根据教学的需求收集、整理、存储和利用网络资源，以满足日益增长的多样化信息需求。这些网络资源的加工处理也应采用相匹配的软件系统，在保持相对独立的同时还需与业务系统兼容。

---

[1] 夏娅丽 . 试论素质教育下的中学图书馆建设 [J] . 教育教学论坛，2013（43）：165–166.

（四）机制保障

学校领导及学校主管部门应充分认识到图书馆在中学的重要地位，从图书馆的建设、运营管理、维护等方面加以重视，建立完善的图书馆运行管理机制，及时解决图书馆工作中出现的各种问题，尤其是硬件的维护和图书馆管理员的配备和管理。

四、中学智慧图书馆建设

随着互联网＋、人工智能、大数据等新兴技术的兴起与发展，人文与科技融合发展的不断深化，部分高校图书馆与公共图书馆开始探索建设智慧图书馆，一些中学图书馆对智慧图书馆进行了研究和尝试建设。自 2013 年起，广州市教育装备中心在广东广雅中学、广州市执信中学、广州市第二中学、广州市第六中学、广州市铁一中学、广州外国语学校、广东华侨中学、广州市协和中学以及广州大学附属中学等 9 所中学试点建设了"智慧图书馆"。智慧图书馆是一个无人值守并由读者自助借还书的自助阅览室，由一体化配套设备组成，包括可移动的一体化馆舍、RFID（无线射频技术）感应系统、监控系统、门禁系统、自助借还设备等核心部件。其基本工作原理是：自助借还设备关联门禁系统和监控系统，RFID 感应系统自动识别图书的在馆和在借状态来控制门禁和监控系统。读者按照智慧图书馆的指引自助操作借还，在进行正确的借还手续之后，可自由出入自助图书馆；如果主观或客观操作错误，则门禁启动，保证图书的安全。其核心技术在于 RFID 的开发和使用。有中学图书馆馆员认为中学智慧图书馆的建设应将"智慧"理念和"智能"技术融合在智慧空间、智慧资源、智慧管理、智慧服务等方面，结合构建智慧城市的背景，提升图书馆信息技术服务水平、增强图书馆馆员的智慧服务能力、加强与城市信息公共服务的联系、完善中学图书馆智慧文献资源和营造健康舒适的馆内阅读环境[1][2][3]。

需要格外注意的是，由于智慧图书馆是近年来业界产生的新鲜事物，其内涵

[1] 曾艳.智慧城市背景下中学智慧图书馆建设探析［J］.河南图书馆学刊，2018（5）：113–114.
[2] 林晓彬.中学智慧图书馆建设初探［J］.福建图书馆学刊，2019（1）：54–57.
[3] 黄健勇.广州市中学图书馆自助化调查及思考［J］.中国现代教育装备，2017（6）：33–36.

87

和外延还没有明确的界定，加之其过于倚重技术以及技术革新，因此是否建设智慧图书馆，中学要根据自身的经费条件、技术基础和硬件设施等做出科学合理的决策，在业界还没有相对成熟的智慧图书馆建设方案和案例可供借鉴之前，不可盲目跟风。

第二节　中学图书馆的文献资源

文献资源是图书馆提供服务的基础，文献资源建设则是图书馆服务工作的起点，文献资源建设的水平和质量对图书馆来说具有极为重要的意义。在信息化和数字化快速发展的今天，图书馆的文献资源形式多样。

中学图书馆应该根据在校师生的规模、教学科研、课外兴趣、校园活动等因素配置文献资源的数量、内容与形式。随着计算机与网络技术和应用的快速发展，中学图书馆资源配置在保障纸质文献供给水平的同时，还应对适合中学生和中学老师的数字资源，尤其是网络资源进行配置，以满足中学生日益增长的文献信息需求。

目前中学图书馆文献资源建设方面存在的主要问题在于片面追求数量而忽略了书籍的质量，甚至一些偏远地区的中学图书馆数量也无法得到保证；与此同时，由于互联网和上网终端设备的快速发展与普及，中学生和他们的家长趋向于从网上获取信息资源，从而对图书馆纸质资源的利用有一定的冲击，纸质图书的利用率逐步下降。因此，中学图书馆文献资源建设要量质兼顾，还要注重优化管理，建立动态的、适应中学教育发展的图书馆文献资源体系。图书馆馆员要根据师生的需求，结合馆藏现状，针对性开展文献推介和服务宣传工作，藏与用有机结合才能逐步提升服务效能。

一、中学图书馆藏书数量与类别

《教育部中小学图书馆（室）规程》（以下简称《规程》）指出学校应根据发展目标，以师生需求为导向，统筹纸质资源、数字资源和其他载体资源，制订图

书配置与其他馆藏文献信息建设发展规划。同时,《规程》要求中小学图书馆(室)藏书量应不低于以下标准(见表6-1):

表6-1　中小学图书馆(室)藏书量

	完全中学	高级中学	初级中学
人均藏书量(册)(按在校学生数)	40	45	35
报刊(种)	120	120	80
工具书、教学参考书(种)	250	250	180

在规定数量的同时,对藏书的类别也有比较明确的要求,按照《中国图书馆分类法》(第五版)的五部类22基本大类,对每一部类的比例做了规定,如第一大类马列主义、毛泽东思想(含A马克思主义、列宁主义、毛泽东思想、邓小平理论)占比2%;第二大类哲学(含B哲学、宗教)占比2%;第三大类社会科学(含C社会科学总论,D政治法律,E军事,F经济,G文化、科学、教育、体育,H语言、文字,I文字,J艺术,K历史、地理)占比54%;第四大类自然科学(含N自然科学总论,O数理科学与化学,P天文学、地球科学,Q生物科学,R医药、卫生,S农业科学,T工业技术,U交通运输,V航空、航天,X环境科学、安全科学)占比38%;第五大类综合性图书(含Z综合性图书)占比4%。

从以上比例看出社会科学与自然科学合计占比92%,其他三类图书占比8%,一方面是受青少年读物出版发行实际所限,另一方面也是与青少年阅读水平和理解能力相适应的。

苏州图书馆胥江实验中学分馆是一座初中图书馆,2008年由苏州图书馆与胥江实验中学合作建成,目前该校有3个年级34个班级,学生共计1474人。胥中分馆馆舍面积约1800平方米,共分3层,设400个座位。2018年馆藏已达9 4000册,报纸期刊140余种。每年新增图书7000余册。

除了通用文献资源建设外,不少中学图书馆会根据自身教学特色进行针对性的文献配置,如作为苏州图书馆特色分馆之一的苏州第六中学图书馆,由于该中学是江苏省艺术教育特色学校,苏州图书馆与学校合作建设分馆时,将图书馆定位为青少年艺术教育特色分馆，主要配置了音乐、绘画、雕塑、舞蹈等艺术类书籍，既有适合中学生阅读的相对浅显的艺术基础类书籍，也有各类艺术院校的专业性书籍、国内外名家画册，同时还将馆藏有关艺术、教育、音乐等领域的数字资源免费向分馆提供。

二、中学图书馆文献资源建设策略

中学图书馆建设适应学校师生发展的文献资源体系，应根据师生的需求，结合文献的外形特征和内容特征，如图书、期刊、报纸、标准、专利等，建立文献采访规则，同时还要考虑网络化和数字化发展的现状，将纸质文献与数字资源有机结合。

（一）文献资源建设应围绕学校发展

图书馆员在制定馆藏发展政策时，要了解中学教育的相关理念和知识，现在越来越多的学校和老师倡导素质教育，注重对中学生综合素质的提升，将课堂教育与课外兴趣培养相结合，针对性购买文献资源。相比于独立初中和独立高中，完全中学的资源建设要兼顾初中和高中的师生需求，学校发展的实际情况是建设和完善文献资源体系的重要依据。

（二）文献资源建设应与课堂教学结合

图书馆文献资源建设要为课堂教学提供相应的图书、期刊、报纸等信息资源，有条件的学校图书馆还应提供数字化信息及相关的设备，如声音、影像等。与此同时，图书管理员根据教学需求，广泛收集高质量的信息资源，加以处理，使之有序化，并合理存储，建立适应本校教育发展的特色教学资源库。

（三）文献资源建设应注重馆员建设

图书馆管理员是文献资源建设的主导者和实施者，馆员专业素养和职业道德是做好文献资源建设以及图书馆服务的重要因素。除了具备一定的图书馆学理论知识外，馆员还需熟练掌握数字化设备使用及软件应用的知识，这样才能有效地将购买与自建相结合。中学图书馆的服务对象主要是中学师生，文献资源建设要依据师生的信息需求进行，馆员在购买或者自建资源的时候，其质量并没有严格的考核指标，全部依靠自身的职业道德。所以，中学图书馆馆员应定期接受职业培训，以期不断提升专业水平和职业道德修为。

（四）文献资源建设需结合学生兴趣培养

图书馆在中学教育中的作用不仅体现在辅助教学，在课外学生兴趣培养方面也发挥着比较重要的作用，学校课外兴趣班（小组）以及师生个体会充分利用学校图书馆的信息资源开展相关的活动。文献资源建设在辅助课堂教育的同时，也应兼顾学生综合能力的培养和提升，购买一些德育教育和兴趣培育方面的图书资源，以满足师生个性化的信息需求。

三、中学图书馆文献资源的优化管理

中学图书馆文献资源建设存在的问题主要在以下几个方面：一是重建设轻管理，重视一次性投入，忽略后期的维护，如新增、修复和剔旧等；二是重课内轻课外，重视辅助课堂教学，忽略课外兴趣培养和提升；三是重藏轻用，图书购买之后得不到很好的利用，造成资源的闲置。

文献资源建设是图书馆服务的起点，高质量的文献资源是图书馆高水平服务的基础保障，中学图书馆要充分认识到资源建设的重要性，对馆藏资源做动态的调整，以满足师生多样化的信息需求。为解决存在的突出问题，中学图书馆馆员也在不断努力[1][2][3]。

为提高文献资源的利用率，提升中学图书馆的服务效能，要从多个方面共同发力：

（一）按需建设

资源建设不可能一劳永逸，而是动态的调整过程，需根据师生的需求，不断优化。

（二）做好书目推荐

馆员应主动做好书目推荐工作，尤其是课外阅读的图书推荐。

---

[1] 陆睿睿. 中学图书馆资源优化管理策略研究［J］. 天津商务职业学院学报，2013（1）：84–85，95.

[2] 陈月华. 中学图书馆期刊资源现状及开发探讨［J］. 教育教学论坛，2017（14）：277–278.

[3] 张丽莎，李建. 浅谈中学图书馆电子资源利用情况和建议［J］. 科教文汇（中旬刊），2012（12）：191–192，194.

（三）重视宣传

馆员应积极宣传图书馆的文献资源和相关的阅读推广活动，吸引师生来图书馆获取信息。

（四）开展培训辅导

学校应将如何利用图书馆作为一门课程在新生入学时由馆员教授，让他们意识到图书馆是获取知识信息的重要场所和途径，教育和提升学生信息检索和信息加工的知识和水平。

第三节　中学图书馆的服务提升

近年来，随着我国教育事业的蓬勃发展，中学图书馆建设也有了长足发展，取得了很多成绩，但与中学教育和师生日益增长的多样化信息需求相比，中学图书馆的服务水平还需进一步提升。

一、坚持以读者为本

中学图书馆要提升服务水平就要树立为读者服务的工作宗旨和服务理念，要尊重老师和学生的文献信息需求，为师生提供便捷的文献资源获取渠道，最大限度满足他们的需求，努力构建与他们的和谐关系。同时，馆员还要注重图书馆阅读环境和氛围的营造，良好的阅读环境会吸引更多的师生来馆借阅。

二、不断创新服务

广州大学附属中学图书馆以"悦读，服务"为馆训，"悦读"指依托馆内及互联网资源开展阅读推广工作，倡导悦读，提升、成就自我，"服务"指为读者提供细心、周到的全方位信息资源、文化需求服务。该馆还通过建立读书会、开设阅读指导课程、建立微信公众平台等举措提升服务水平和能力[1]。

---

[1] 杨长军.中学图书馆服务创新研究——以广州大学附属中学图书馆为例［J］.河南图书馆学刊，2016，36（1）：85-86.

三、开展个性化服务

中学图书馆个性化服务的对象主要是教师，研究读者的个性习惯、心理倾向、行为方式、知识结构、任教科目和信息需求，了解他们的阅读兴趣，准确地推荐书刊资料[①]。

四、培养学生阅读兴趣

学生不但需要在课堂内打下坚实的基础，也需要从课外获得广博知识。因此，中学图书馆应通过开展有计划、有目的的学生课外阅读辅导，引导中学生养成良好的阅读习惯，掌握科学的阅读方法，以提高阅读能力，帮助他们塑造健全的人格。选择一些思想内容健康，具有科学性、知识性、艺术性的书，及与课内学习有关的读物，还有谈理想、人生、思想品德修养、介绍学习经验和学习方法的著作[②]。

五、优化馆员队伍

图书馆馆员要有强烈的责任感和崇高的职业精神，这样才能在工作中积极服务，提升服务水平。馆员还应与师生加强沟通交流，了解他们的信息需求，以及对图书馆服务工作的意见和建议，以期不断提高服务质量。

第四节　公共图书馆参与中学图书馆建设——以苏州图书馆为例

2015 年 5 月，教育部、文化部和国家新闻出版广电总局联合下发了《关于加强新时期中小学图书馆建设与应用工作的意见》，"意见"中提出中小学图书馆要与公共图书馆、少儿图书馆加强合作，要求通过合作基本形成中小学图书馆与公共图书馆、高等学校图书馆馆藏资源共享格局，从而带动全民阅读，助推公共

---

① 金梅兰. 提高中学图书馆藏利用率　服务中小学教育教学［J］. 课程教育研究，2013（12）：40—41.

② 苏斌阳. 中学图书馆服务工作浅谈［J］. 读与写（教育教学刊），2012，9（6）：204.

文化服务体系、学习型社会和书香社会建设。近年来，苏州图书馆将书香校园建设作为构建覆盖城区阅读服务体系的一个重要工程，陆续与城区的中小学以及大学合作建设对社会开放的学校图书馆，实现图书馆资源的整合共享。其中，建设中学图书分馆是书香校园建设的主要和重要内容。

一、合作模式

以分馆的形式合作创办学校图书馆，主要模式有以下三种：

（一）全委托模式

学校将图书馆的文献资源建设、人员管理、服务供给全盘委托给苏州图书馆，共享苏州图书馆的数字资源和其他品牌服务，并与苏州图书馆及其各分馆实行通借通还。

（二）半委托模式

学校将图书馆的文献资源建设委托给苏州图书馆，图书与苏州图书馆及其各分馆实行通借通还，其图书、其人员由学校管理和招聘，苏州图书馆对其业务提供定期的指导。

（三）联合管理模式

学校将图书馆的文献资源建设、部分人员管理、服务供给委托给苏州图书馆。在人员管理方面，其主要的工作人员由苏州图书馆委派，学校配备辅助管理人员，图书资源实现通借通还，对师生提供信息推送、科技查新等服务。

二、目前合作建办状况

（一）胥江实验中学分馆

2008 年，苏州图书馆与苏州市胥江实验中学合作建设了胥江实验中学分馆。其合作采用全委托模式，中学负责馆舍、水电设施、消防设施、阅览设施、门禁系统、空调系统、计算机网络系统、电脑电话等硬件设施设备。苏州图书馆负责馆员的招聘管理、图书的采编配送、报刊杂志的征订管理、图书馆管理软件的安装维护等。

1. 基本运行情况

苏州市胥江实验中学校目前有 3 个年级 34 个班级，学生共计 1474 人。胥中分馆馆舍面积约 1800 平方米，共分 3 层，设 400 个座位。馆藏目前已达 9.4 万册，报纸期刊 140 余种。2018 年全年接待 12 万人次，外借图书 2.4 万册，新增图书 7500 册。

2. 开展的服务

除了做好基础借阅服务工作外，胥中分馆还积极配合学校开展各项活动，其中包括辅助教学需求的阅读辅导课、拓宽学生知识视野的多彩讲座以及各项其他主题活动。从 2009 年开始编印针对学生家长和教师的刊物，实现个性化信息服务。

（1）辅助教师教学科研，方便教师阅读所需。

① 设立课题咨询小组，及时、准确、全面地帮助教师查询相关课题材料，进行论文查重，以辅助教师更好地编写教案和撰写论文。

② 与教师建立良好的互动，报刊征订在全校范围征求教师的意见，根据教师的反馈意见进行选择并邀请部分语文老师对图书采购提出建议，及时根据老师的课题需求，调配专题书籍。

③ 与苏州图书馆情报部合作对教师进行数据库使用培训，提高教师的信息检索技能。

④ 利用馆藏电子数据库资源及时收集最新学科信息，与苏州图书馆情报部合作编印双月刊《教研信息》。

（2）丰富学生课余生活，拓宽学生知识视野。

① 积极与班级建立联系，设立"雏鹰管理员"岗位，通过"雏鹰管理员"使图书馆的报刊每天及时送达班级，方便学生阅览。根据"雏鹰管理员"的日常表现，期末评选出优秀"雏鹰管理员"，颁发奖状以示鼓励。

② 每月根据班级借阅量评选"书香班级"，颁发流动红旗；每学期根据班级和个人借阅量评选"书香班级"和"阅读之星"，期末颁发奖状以示鼓励。

③ 根据学校阅读节主题、语文课堂教学内容，针对初一新生开设"阅读辅导课"，拓宽学生知识视野，延伸课堂阅读范围。

④ 根据学校不同时期的阅读主题，开设了"国学专架""作者专架""古典专架""教师指定书目""新书速递""我的阅读我的书"等多种不同类型的专架，方便教师、学生借阅。

⑤ 配合学校社团活动，开办了"雏鹰社团"。

⑥ 开展多样化活动丰富学生课余生活,例如"e 阅读·伴成长"系列活动、"读名著 知世界"知识竞赛、"元宵猜灯谜"、"写给未来的自己"等。

⑦ 收集有关家庭教育的信息和学生的优秀作文，编印双月刊《缤纷阅读》。

（3）服务周边社区，提高服务效益。

一直以来，胥中分馆在周末、节假日及寒暑假对周边青少年开放，这是胥江实验中学将校园资源对社会开放的一个重要举措，不仅延伸了学校图书馆的服务范围，而且提高了资源利用率，更大化实现社会效益。

（二）苏州图书馆青少年艺术教育分馆

苏州图书馆与苏州市第六中学合作在 2017 年建设了苏州图书馆青少年艺术教育分馆。苏州市第六中学是江苏省苏州艺术高级中学校，苏州图书馆青少年艺术教育分馆是一个针对青少年的艺术主题特色分馆，主要配备美术、音乐、舞蹈、绘画、雕塑等艺术类图书，并不定期组织艺术文化沙龙活动，苏州市第六中学的师生及社会上的青少年均可以到馆借阅。

（三）苏州图书馆十中金阊校区分馆

2019 年，苏州图书馆与苏州市第十中学合作，在十中金阊校区建设了苏州图书馆十中金阊校区分馆，该馆建筑面积近 1000 平方米，初始馆藏图书 1 万册。苏州市第十中学委托苏州图书馆对其图书馆的资源进行配送，并委托苏州图书馆招聘 1 名管理工作人员，目前该馆正在试运行中。

三、合作的意义

在校学生既是教育部门实施教育的核心对象,也是公共文化服务的重点对象。校园资源与公共资源整合、对校园对社会都开放是落实《关于加强新时期中小学图书馆建设与应用工作的意见》的具体实践。

（一）进一步健全城区公共文化服务体系

将中学图书馆纳入城区公共文化服务体系中，实现中学图书馆与公共图书馆资源的通借通还，打通学校图书馆系统和公共图书馆系统之间的业务渠道，促进文献信息资源的共建和流通，成为完善城市公共文化服务体系建设、提升公共文化服务供给能力的一个特色平台。

（二）提升中学图书馆的整体实力

苏州图书馆作为苏州地区公共图书馆服务体系的中心馆，又作为苏州市图书馆学会和苏州市全民阅读促进会的挂靠单位，其文献资源的采编能力、馆员队伍的培养环境、服务项目的设计推广等各项业务水准在全市具有一定的模范带头作用。苏州图书馆与学校合作建设学校图书馆，能够促进双方在业务方面的深入合作，在委托模式和联合管理模式的基础上，由苏州图书馆为学校图书馆提供管理和服务上的指导，从而在一定程度上提升苏州市学校图书馆的专业化服务水平。

（三）促进"书香苏州"城市建设

"书香苏州"是当前苏州市文化建设的重要目标，从图书馆建设的角度出发，有必要将公共图书馆系统、学校图书馆系统和机构图书馆系统联合起来，通过合作建馆、提供服务、举办活动等方式推动书香城市建设。馆校合作建设图书馆是一种良好的实践，在一定程度上为构建便捷高效的现代公共阅读服务体系打下了基础。合作全力推进"书香校园"建设是"书香苏州"建设的一个重要方面。

（四）推动学校图书馆资源对社会开放

合作建设的学校图书馆资源向社会公众开放是苏州图书馆与中学图书馆合作的前提，在确保校园安全的前提下，将学校图书馆资源对社会公众开放，完成培养人才、服务社会的使命，从而推动学校图书馆资源对社会公众开放，实现多赢多利的效果。

（五）提高财政运行效益

苏州图书馆与中学合作建设的图书馆，工作日对学校师生开放，周末、节假日及寒暑假对周边社区青少年开放。这样共建的图书馆既有学校图书馆的专业服务功能，又有公共馆的公共服务功能，实现了馆藏资源的优化利用。一份财政投入实现了双重社会效能，提高了资源的利用率，提升了财政的运行效益。

第七讲

中学生阅读推荐书目

　　推荐书目又称导读书目、选读书目、必读书目、举要书目等，是人们为特定目的或特定读者，就某专题而编辑的文献目录[①]。《中国大百科全书》将其定义为"为指导读书治学或普及文化知识，选择适合特定读者群需要的方面而编成的目录"[②]。推荐书目历史悠久，最早的是敦煌出土的伯乙 171 号卷子《杂抄》，它以问答体形式为青年学子开列了 25 种文献，是现存最早的必读书目。元代程端礼编著的《程氏家塾读书分年日程》，规定了学子学习课程和书目，形式上更加完整了[③]。近代以来，时任四川学政的洋务派首领张之洞本着让学生知道"应读何书"及"书以何本为善"的目的，编撰了《书目问答》，收录了 2200 多种图书[④]。现今的推荐书目，形式内容多样，参与推荐的主体增多，所服务的特定读者类别也愈加细化。

　　中学是人生的重要阶段，阅读可以增加中学生的阅读能力和语言表达等能力，有助于他们拓宽视野，提高自身的修养，形成良好的人生观、世界观和价值观。但中学生学业较重，阅读时间有限，且目前市场上的图书数量巨大、良莠不齐，为中学生制定合理科学的推荐书目至关重要。

---

① 袁连生.我国义务教育财政不公平探讨［J］.教育与经济，2001（4）：1–5.
② 高雄.构建阅读社会，从推荐书目开始［J］.图书馆论坛，2010（5）：4.
③ 尤敬党，荣耀祥.试论中学生必读书目制订之必要性及其推行之可行性［J］.中小学图书情报世界，1999（3）：36–38，34.
④ 刘培锦.简析推荐书目的历史与现状［J］.全国新书目，2019（5）：20–21.

第一节　中学生阅读推荐书目的特点

一、根据中学生的群体特征编制书目

中学生阅读推荐书目应针对中学生这一特定群体，根据中学生的心理、智力、阅读能力及阅读习惯等制定出适合这一群体阅读的书目。推荐给中学生的书目应充分考虑阅读的深度、广度、多样性和趣味性，保障中学生阅读的质量和科学性，为中学生课外阅读指明方向。

2019 年 4 月 23 日，在团中央社会联络部联合相关单位发起的"新时代·新阅读" 2019 世界读书日主题公益系列活动启动仪式上，《2018 年中国青年阅读指数报告》正式发布。该报告显示，按照年龄将青年群体分为中学生、大学生和职场青年，各个年龄层的青年阅读特点差异明显。中学生群体在情感、教育、心理健康等阅读领域需求强烈，呈现出注重心灵成长的阅读特点[1]。完成了小学阶段，中学生的阅读能力有所提高，但未达到成年人的理解水平，推荐主体应考虑到中学生的阅读能力有限，且年龄逐步增大，根据这一特点为中学生在浩瀚的书海中筛选出优秀的阅读书目。中学生有重要的学业，在学习过程中接收各种知识，对这些知识的拓展也是中学生阅读的一部分，与他们在学校的学习有一定的相辅和呼应效果。兴趣是最好的老师，要注重阅读的趣味性，推荐中学生喜爱的有吸引力的图书。所推荐的书目应包括多个种类，考虑到阅读的广泛性，丰富中学生的知识面，开阔他们的视野，满足中学生对各学科和各种类知识的需求。

二、必读和选读相结合，区分精读和泛读

每个中学生的理解力、阅读效率不一样，制定推荐书目需考虑中学生的个体差异性，必读和选读相结合，增加推荐书目的使用灵活性，中学生在完成必读书目的情况下，根据自己的时间和能力阅读选读书目中的图书。此外，根据每本书的特色及中学生的特点可将图书分类为精读类和泛读类。有些书需要通过仔细阅

---

[1] 中国青年出版总社.《2018 年中国青年阅读指数报告》发布 ［EB/OL］.［2019–11–30］. http://www.xinhuanet.com/book/2019–04/30/c_1210122848.htm.

读、多次翻阅才能理解其深意，吸收其精华，这些书就需要精读。晋陈寿《三国志·魏志·董遇传》：读书百遍而义自见。精读的书目，就是一些与学习密切相关或学生感兴趣的需要边读边思考，仔细琢磨，在精彩章节、最触动人心的片段、句子下面圈点批画，随时记下自己的体会、感受、意见、评价的书目。精读此类书不但能提升阅读能力，也能在阅读过程中更深入地理解文章的语言文字和思想内容，把书读活 [1]。有些书需要知道其大概的主体意思，不需要逐字逐句地去揣摩和学习，能锻炼阅读者的概括能力，这些书需要进行泛读，如一些简单的历史事件、人物传记等，学生只需了解大概内容。推荐主体如能在推荐书目中指出所列书目需要精读还是泛读就更好了。

三、根据中学生的年龄段制定分级阅读书目

2011 年，国务院颁布了《中国儿童发展纲要（2011—2020 年）》，从儿童健康、教育、法律保护和环境四个方面提出了儿童发展的主要目标和策略措施。该纲要提到要培养儿童阅读习惯，增加阅读时间和阅读量，90% 以上的儿童每年至少阅读一本图书，而且要为儿童阅读图书创造条件。推广面向儿童的图书分级制，为不同年龄的儿童提供适合其年龄特点的图书，为儿童家长选择图书提供建议和指导。分级阅读是根据少年儿童不同年龄段的智力和心理发育程度，进行科学划分和设计的儿童阅读计划，给不同年级的学生制定相应的阅读书目，方便家长和少年儿童系统性、科学性、有针对性地对图书进行选择 [2]。

朱永新说过，"一个人的精神发育史就是他的阅读史，而一个民族的精神境界也取决于他的阅读水平。"阅读应贯穿在中学生整个学习生涯中，伴随着中学生的整个成长过程。中学生阶段一般为 12~18 岁左右，从初一到高三的 6 年时间，身体、心理、阅读水准都逐步成长，应针对不同年龄段，制定分级阅读书目。如由公益研究机构新阅读研究所联合北京十一学校研制的"中国中学生基础阅读书目"，将中学生书目分为初中和高中两个书目。

① 吕鹏玲.中学图书馆做好阅读书目推荐，培养中学生精深阅读习惯［J］.山西青年，2018（24）：177，176.

② 陈嘉.大数据时代图书馆如何制定儿童分级阅读标准［J］.河南图书馆学刊，2015，35（6）：128–130.

第二节　中学生阅读推荐书目的编制

中学生阅读推荐书目的编制有多种方式，常见的有权威机构或者政府部门推荐、图书馆推荐、教师推荐、专家推荐、家庭推荐、学生推荐和数字化推荐等。推荐书目的编制是一个系统性的工作，需要花费大量的时间和精力去制定，后续还需要根据调研实际情况和征集到的反馈进行调整。

一、权威机构或者政府部门推荐

目前出版的图书种类繁多，形式多样，良莠不齐。由权威机构或政府部门主持推荐书目，具有更多的资源来保障书目的科学性和合理性。例如，教育部每年公布书单，为初中生和高中生指定必读书目。自 2004 年开始，国家新闻出版管理部门每年公布向全国青少年推荐的百种优秀出版物目录。中国教育学会中学语文教学专业委员会、北京大学语文教育研究所、北京语言大学、中国教育报、商务印书馆于 2013 年 4 月 23 日"世界读书日"联合发布《中学生阅读行动指南》。

二、图书馆推荐

图书馆在指导中学生阅读方面起着举足轻重的作用，特别是中学图书馆作为学校不可或缺的一部分，是学生获取课外书籍、开展课外阅读的重要场所。文化部在《关于进一步加强少年儿童图书馆建设工作的意见》中指出，图书馆要区分不同年龄段未成年人的特点，创新服务理念，引入新媒体等现代信息技术，积极开展图书推介、讲座、展览等活动，精心设计和组织内容鲜活、形式新颖、吸引力强的读书活动，吸引未成年人走进图书馆、利用图书馆。要积极与中小学校开展合作，共同开展阅读指导、信息素养教育。联合国教科文组织的《中小学图书馆宣言》中指出，图书馆应给学生以基本技能训练，使之具有广泛使用资源和服务的能力，引导学生养成终身利用图书馆的习惯，从图书馆获得乐趣、知识和再教育的源泉。图书馆可利用图书管理员的专业知识和丰富的经验为中学生推荐书目。中学图书馆作为基层图书馆，更了解中学生的阅读需求。在书目的编制过程中，由于图书馆工作人员的专业有限，图书馆也可邀请专家、教师、作家等参与制定阅读推荐书目。

三、教师推荐

教师是学生阅读的直接引路人，他们在教育工作的第一线，了解所教授领域涉及的阅读书目，有经验的教师在多年的教学工作中更熟悉每个年龄段学生的阅读兴趣和实际需求。中国教育学会与凤凰青少年教育研究中心共同发起了关于学生阅读素养的调研，采用整群抽样的方法，调研范围覆盖了 28 个省区、市，发现学生阅读很大程度上受老师推荐的影响，也就是老师承担了引导学生读什么书的大部分影响力。老师对于学生阅读活力、阅读能力以及阅读书目的选择上，有非常重要的影响作用[1]。教师在学生心目中具有一定的权威性，对学生阅读有很大的影响力，但也要注重培养学生的阅读兴趣，避免因为升学压力而强制性地推荐与中学生阅读能力不相符的书目。教师推荐书目应具有全学科阅读视野，不能单一地由语文教师推荐，各学科老师应共同推荐。

四、其他方式

阅读书目还可通过专家推荐、学生推荐、家庭推荐和数字化推荐等方式进行编制。专家对某一学科有专门的研究或者擅长专业技术，其推荐的书目更有专业指导性。中学生最了解自身所在群体的阅读需求和阅读习惯，他们推荐的书目是一种很直观的阅读反馈，表明中学生阅读的兴趣所在，也是学校图书馆馆藏建设的重要参考。

第三节　中学生的经典阅读

中学生是一个被广泛关注的群体，其阅读需求越来越受重视。很多机构、组织和个人都给中学生推荐过图书，以下介绍几个比较经典的推荐书目。

---

[1] 中国教育学会. 中国的孩子在读什么书？［EB/OL］.（2018–04–24）［2019–12–24］. http: // www.cse.edu.cn/index/detail.html?category=31&id=2173.

一、国家新闻出版管理部门向全国青少年推荐的百种优秀出版物

自 2004 年开始，国家新闻出版管理部门每年都向全国青少年推荐百种优秀出版物。例如，2018 年的推荐目录包含 5 个类别共 100 种优秀出版物。除去启蒙益智、图画绘本类图书 16 种外，思想励志、人文历史类图书 19 种，如《习近平讲故事（少年版）》《红色家书》《试飞英雄》等；科学科普、百科知识类图书 14 种，如《漫画植物的智慧：草木生存策略大观》《趣味力学现象》等；儿童文学、青春文学类图书 33 种，如《蝙蝠香》《因为爸爸》《布罗镇的邮递员》等；音像电子出版物 18 种，如《黄大年》《中华美德小故事》等（详见表 7–1）。

表 7–1　2018 年向全国青少年推荐百种优秀出版物目录 [①] 部分内容

一、思想励志、人文历史类图书（19 种）			
序号	书名	作者	出版单位
1	习近平讲故事（少年版）	人民日报评论部 / 著	中国少年儿童新闻出版总社、人民出版社
2	中国共产党人的故事（第一辑）（青少年版）	欧阳淞 / 主编	中国方正出版社
3	伟大也要有人懂：小目标 大目标 中国共产党一路走来	陈晋 / 著	中国少年儿童新闻出版总社
4	点亮民族精神之魂：社会主义核心价值观青少年读本	韩震、吴玉军 / 编著	中国人民大学出版社
5	红色家书	《红色家书》编写组 编	党建读物出版社
6	红色延安的故事：精编版	中国延安干部学院 / 编	党建读物出版社
7	马克思画传：马克思诞辰 200 周年纪念版	中共中央马克思恩格斯列宁斯大林著作编译局 / 编	重庆出版社
8	我的伯父伯母周恩来邓颖超	周秉德 / 著	金城出版社
9	长征书简：重温我们先辈的长征记忆	罗平汉 / 主编	广西人民出版社

[①] 国家新闻出版署 . 2018 年向全国青少年推荐百种优秀出版物目录［EB/OL］.（2018–05–31）［2019–11–25］. http://www.nationalreading.gov.cn/ReadBook/contents/6274/378064.shtml.

续表 1

序号	书名	作者	出版单位
10	腾飞之歌：一个飞机设计师的回忆	程不时 / 著	湖北科学技术出版社
11	中国蓝盔	黎云 / 著	湖南少年儿童出版社
12	中国创造故事丛书	李炳银 / 主编	河南文艺出版社
13	试飞英雄	张子影 / 著	安徽人民出版社、安徽文艺出版社
14	院士怎样读书与做学问	方正怡、方鸿辉 / 编	上海科学技术文献出版社
15	唐诗与宋词	莫砺锋 / 著	南京大学出版社
16	最美中国画 100 幅	赵力、阮晶京 / 编	人民美术出版社
17	朗读者（青少版）	董卿 / 主编	人民文学出版社
18	百年巨匠——鲁迅	黄乔生 / 著	文物出版社
19	理想的阅读	张炜 / 著	安徽少年儿童出版社

二、科学科普、百科知识类图书（14 种）

序号	书名	作者	出版单位
1	中国古代重要科技发明创造	中国科学院自然科学史研究所 / 编著	中国科学技术出版社
2	中国儿童地图百科全书·世界遗产（中国篇）	《世界遗产》编委会 / 编著	中国大百科全书出版社
3	数学简史	蔡天新 / 著	中信出版社
4	给孩子讲相对论	李淼、王爽 / 著	湖南科学技术出版社
5	本草纲目（少儿彩绘版）	王秋玲 / 著，斯琴图 / 绘	接力出版社
6	汉字里的中国：咬文嚼字精选一百篇	陈璧耀 / 著	上海远东出版社
7	海错图笔记·贰	张辰亮 / 著	中信出版社
8	高铁出发了	曹慧思、董光磊 / 著，王莉莉 / 绘	北京科学技术出版社
9	奇妙的古希腊数学历险记	雷勇、刘毅 / 著	人民日报出版社

续表2

序号	书名	作者	出版单位
10	"科创之光"书系（第一辑）	上海科学院 / 组编	上海科学普及出版社
11	种子的奇幻之旅——航天育种简史（少儿彩绘版）	郭锐、李军 / 著	陕西科学技术出版社
12	漫画植物的智慧：草木生存策略大观	祁云枝 / 著	陕西科学技术出版社
13	中国天眼	王世杰 / 主编	贵州人民出版社
14	趣味力学现象	胡宁生 / 著	江苏凤凰教育出版社

三、儿童文学、青春文学类图书（33种）

序号	书名	作者	出版单位
1	蝙蝠香	曹文轩 / 著	天天出版社
2	腰刀的歌	张琳 / 著	甘肃少年儿童出版社
3	布罗镇的邮递员	郭姜燕 / 著	少年儿童出版社
4	纸飞机	左昡 / 著	新蕾出版社
5	因为爸爸	韩青辰 / 著	江苏凤凰少年儿童出版社
6	冰冻星球	马传思 / 著	大连出版社
7	雪精来过	汤汤 / 著	浙江少年儿童出版社
8	宝塔	秦文君 / 著	明天出版社
9	驯鹿六季	格日勒其木格·黑鹤 / 著	明天出版社
10	米小圈上学记·四年级	北猫 / 著	四川少年儿童出版社
11	南村传奇	汤素兰 / 著	湖南少年儿童出版社
12	雾里青花泥	王勇英 / 著	晨光出版社
13	非常地图	张品成 / 著	晨光出版社
14	豆子地里的童话	刘海栖 / 著	江苏凤凰少年儿童出版社
15	寻找蓝色风	龙向梅 / 著	大连出版社
16	蒲河小镇	王立春 / 著	辽宁少年儿童出版社
17	一个人的绿龟岛	刘先平 / 著	天天出版社

续表3

序号	书名	作者	出版单位
18	南飞的苜蓿	赵菱 / 著	中国少年儿童新闻出版总社
19	请叫我莫大	王秀梅 / 著	安徽少年儿童出版社
20	与兽为邻	韩开春 / 著	二十一世纪出版社
21	尼克代表我	常新港 / 著	天天出版社
22	唢呐王	小河丁丁 / 著	江苏凤凰少年儿童出版社
23	开学第一课	许文广 / 主编	人民文学出版社
24	湾格花原 砖红色屋顶	马原 / 著	浙江少年儿童出版社
25	如画	徐玲 / 著	晨光出版社
26	老土豆	周公度 / 著	希望出版社
27	时间之城	马嘉恺 / 著	接力出版社
28	晚霞中的红蜻蜓	徐鲁 / 著	现代教育出版社
29	故宫里的大怪兽	常怡 / 著	中国大百科全书出版社
30	淘气大王董咚咚 灾难求生	许诺晨 / 著	河北少年儿童出版社
31	小熊包子系列（第二季）	宇志飞翔 / 著	少年儿童出版社
32	树精灵和雪人	魏晓曦 / 著	山东科学技术出版社
33	幸福列车	刷刷 / 著	江苏凤凰少年儿童出版社

二、中学语文教学专业委员会等发布的《中学生阅读行动指南》

《中学生阅读行动指南》由中国教育学会中学语文教学专业委员会、北京大学语文教育研究所、北京语言大学、中国教育报、商务印书馆于2013年4月23日"世界读书日"联合发布。该书目分初中和高中两部分，涉及文学、历史、哲学、自然科学、社会科学、艺术、博物七大领域，每个领域又分为基本书目和拓展书目，共计153本。初中部分的基本书目包括《中国神话传说》《唐诗三百首详析》《上下五千年》《人类群星闪耀时》《论语注译》《科学的旅程》等，高中基本书目则有《百年孤独》《边城》《呐喊》《全球通史》《万物简史》《牛奶可乐经济学》等，都是相当有分量和代表性的作品（详见表7–2）。

表7–2 中学生阅读行动指南 ①②③

一、初中

（一）初中文学（11 种）

本领域图书注重拓宽学生的阅读视野，众多大家耳熟能详的作品不再收入，且每位作家一般只收录一部代表性作品。在切实吸引学生阅读整本书的前提下，促进学生对社会与人生进行全面的观察、细腻的体味、深入的思考，并在丰富的审美体验中润泽文字、涵养心灵。

基本书目

序号	书名	作者	出版单位
1	中国神话传说	袁珂 / 著	人民文学出版社
2	唐诗三百首详析	喻守真 / 编著	中华书局
3	古文观止译注（修订本）	阴法鲁 / 主编	北京大学出版社
4	西游记	吴承恩 / 著	人民文学出版社
5	聊斋志异	蒲松龄 / 著	人民文学出版社
6	草房子	曹文轩 / 著	江苏少年儿童出版社

拓展书目

序号	书名	作者	出版单位
7	山海经译注（全二册）	陈成译 / 译注	上海古籍出版社
8	余冠英推荐古代民歌	侯明 / 注	广陵书社
9	台湾现代诗选	刘登翰 / 编注	春风文艺出版社
10	动物庄园	（英国）乔治·奥威尔 / 著，隗静秋 / 译	上海三联书店
11	简·爱	（英国）夏洛蒂·勃朗特 / 著，祝庆英 / 译	上海译文出版社

① 中国教育学会中学语文教学专业委员会，等.中学生阅读行动指南（一）［N］.中国教育报，2013–4–22（7）.

② 同① 9.

③ 同① 12.

续表1

（二）初中历史（5 种）

本领域图书涉及中外历史经典著作、传记类作品及一些历史随笔作品，聚焦历史中的人物与故事，培养学生对历史的兴趣；注重历史眼光的培养，引导学生认识历史的复杂与丰富，养成实事求是的态度，学会多角度看问题，进而形成正确的历史观和价值观。

基本书目

序号	书名	作者	出版单位
1	上下五千年	林汉达、曹余章 / 编著	上海人民出版社
2	中国古代文化常识	王力 / 主编	世界图书出版公司
3	人类的群星闪耀时	（奥地利）斯蒂芬·茨威格 / 著，舒昌善 / 译	生活·读书·新知三联书店

拓展书目

序号	书名	作者	出版单位
4	吴姐姐讲历史故事	吴涵碧 / 著	新世界出版社
5	宽容	（美国）房龙 / 著，迮卫等 / 译	生活·读书·新知三联书店

（三）初中哲学（8 种）

本领域图书从启蒙性质的东西方哲学史与普及读物切入，涉及西哲与中国古典哲思作品的名家注（译）本及插图本、绘本；也包含帮助初中生认识自我的读物。引导初中生初步追寻思辨的奥妙，探求美好生活。

基本书目

序号	书名	作者	出版单位
1	苏菲的世界	（挪威）乔斯坦·贾德 / 著，萧宝森 / 译	作家出版社
2	生命中的大问题：写给孩子的哲学启蒙书	（德国）尤莉亚·克诺普 / 著，李欣 / 译	龙门书局
3	大学中庸译注	王文锦 / 译	中华书局
4	庄子说	蔡志忠 / 绘	商务印书馆

续表2

拓展书目

序号	书名	作者	出版单位
5	儿童哲学智慧书	（法国）奥斯卡·柏尼菲/著	接力出版社
6	写给孩子的哲学启蒙书	（法国）拉贝、毕奇/著，潘林等/译	广西师范大学出版社
7	东方哲学的故事	（英国）L.A.贝克/著，傅永吉/译	江苏人民出版社
8	青春对话	（日本）池田大作/著	中国友谊出版公司

（四）初中社科（9种）

本领域图书尽可能从各个维度展现个人与身边世界的联系，既指向历史背景下的国人思维与行事传统，也通过一些传记与随笔影射社会发展，让学生初步了解社会的运作，认识社会的多元，帮助初中生提升融入社会生活的技能，从而走出书本知识，走进真实世界。

基本书目

序号	书名	作者	出版单位
1	写给中学生的心理学	崔丽娟、邹玉梅/著	北京大学出版社
2	给莉莉的信——关于世界之道	（英国）艾伦·麦克法兰/著，管可秾、严潇潇/译	商务印书馆
3	奇拉的漫画经济教科书：简单易懂的经济学原理	（韩国）崔先圭/著，孙羽/译	九州出版社
4	美国学生社会技能训练手册	（美国）达林·曼尼克斯/著，刘建芳/译	天津社会科学院出版社

拓展书目

序号	书名	作者	出版单位
5	做最好的自己	李开复/著	人民出版社
6	天地九重	杨利伟/著	解放军出版社
7	写给未出世的你	（法国）阿尔贝·雅卡尔/著，赵苏影/译	广西师范大学出版社
8	杰出青少年的七个习惯	（美国）肖恩·柯维/著，陈允明/译	中国青年出版社
9	直道待人	潘光旦/著	北京大学出版社

续表 3

（五）初中科学（15 种）			
本领域图书涉及科学基础知识、科学家传记与科学史，也包括一些热门领域的重要科普作品。书目选择打破唯知识是从的倾向，既注重科学常识的普及，又注重激发学生的好奇心，培养学生的科学意识，使之逐渐形成科学的思维方法与习惯。			

基本书目

序号	书名	作者	出版单位
1	不知道的世界：数学篇	李毓佩 / 著	中国少年儿童出版社
2	科学的旅程	（美国）雷·斯潘根贝格、（美国）黛安娜·莫泽 / 著，郭奕玲等 / 译	北京大学出版社
3	你知道吗？——现代科学中的 100 个问题	（美国）艾萨克·阿西莫夫 / 著	科学普及出版社
4	疯狂实验史	（瑞士）雷托·U. 施奈德 / 著，许阳 / 译	生活·读书·新知三联书店
5	诺贝尔奖获得者与儿童对话	（德国）贝蒂娜·施蒂克尔 / 编，张荣昌 / 译	生活·读书·新知三联书店
6	别闹了，费曼先生	（美国）R. 费曼 / 著，吴程远 / 译	生活·读书·新知三联书店
7	居里夫人传	（法国）艾芙·居里 / 著，左明彻 / 译	商务印书馆

拓展书目

序号	书名	作者	出版单位
8	基因的故事	王莉江、苑华毅、陈章良 / 著	北京大学出版社
9	数学的故事	（美国）曼凯维奇 / 著	海南出版社
10	一次看懂自然科学	刘炯朗 / 著	山西人民出版社
11	视觉之旅：神奇的化学元素	（美国）西奥多·格雷 / 著，陈沛然 / 译	人民邮电出版社
12	未来世界的 100 种变化	（德国）布凌格 / 主编，王河新等 / 译	科学出版社
13	眷恋昆虫	（美国）托马斯·艾斯纳 / 著，虞国跃 / 译	外语教学与研究出版社

续表4

序号	书名	作者	出版单位
14	所罗门王的指环	（奥地利）康拉德·洛伦茨 / 著，刘志良 / 译	中信出版社
15	神秘的宇宙	（美国）卡尔·萨根 / 著，周秋麟 / 译	天津社会科学院出版社

（六）初中艺术（15种）

本领域图书从艺术观念与艺术史切入，涉及艺术各门类，兼及艺术家传记及艺术社会学等内容，既注重呈现各艺术领域的概貌，又注意呈现美感，让初中生通过阅读去感受美、欣赏美、创造美。

基本书目

序号	书名	作者	出版单位
1	艺术原来可以这样看	（法国）弗朗索瓦·芭布－高尔 / 著，丁小会 / 译	中信出版社
2	美的历程	李泽厚 / 著	生活·读书·新知三联书店
3	中华民间艺术大观	张仃 / 著	湖北少年儿童出版社
4	启功给你讲书法	启功 / 著	中华书局
5	丰子恺漫画选	丰子恺 / 绘	海豚出版社

拓展书目

序号	书名	作者	出版单位
6	对话大师：童心解读中外经典美术名作	罗彦军 / 著	重庆出版社
7	一画一世界：教你读懂中国画	罗淑敏 / 著	广西师范大学出版社
8	中国书法	陈廷佑 / 著	五洲传播出版社
9	中国小品建筑十讲	楼庆西 / 著	生活·读书·新知三联书店
10	图说老绝活	矫友田 / 著	金城出版社
11	每天一堂非遗文化课：民间艺术	杨素梅 / 著	中国华侨出版社
12	最美的音乐史	（德国）鲁道夫·赫富特纳 / 著，王泰智等 / 译	山西人民出版社

续表 5

序号	书名	作者	出版单位
13	青花瓷	方文山 / 著	作家出版社
14	美的盛宴	李晓、曾遂今 / 著	华东师范大学出版社
15	贝多芬传	（法国）罗曼·罗兰 / 著，傅雷 / 译	中国友谊出版公司

（七）初中博物（10 种）

本领域图书强调广见与杂闻，注重趣味性，关注风土人情、历史典故等传统文化中饶有兴味的细节，同时涉及自然、地理、历史等方面的博识，让学生在"悦读"中开阔视野，产生探索外部世界的兴趣，逐渐培养其开放的胸襟与通达的情怀。

基本书目

序号	书名	作者	出版单位
1	中国细节	孙欢 / 主编	上海咬文嚼字文化传播有限公司
2	中国风土人情	程麻 / 编著	商务印书馆
3	昆虫记	（法国）法布尔 / 著，王光 / 译	作家出版社
4	大自然的文字	（俄罗斯）伊林、谢加尔 / 著，沈念驹 / 译	浙江文艺出版社
5	发现之旅	（英国）托尼·赖斯 / 编著，林洁盈 / 译	商务印书馆

拓展书目

序号	书名	作者	出版单位
6	诗经里的那些动物	林赶秋 / 著	重庆大学出版社
7	唐诗植物图鉴	王士祥 / 著，胡国平等 / 摄影	中州古籍出版社
8	中华风俗历	陈果夫 / 著，卢红芹、王歌 / 编译	凤凰出版社
9	航海日记	（英国）达尔文 / 著，OPEN 工作室 / 编译	浙江少年儿童出版社
10	大自然的日历	（俄罗斯）米·普里什文 / 著，潘安荣等 / 译	四川文艺出版社

续表6

二、高中
（一）高中文学（17种）
基本书目

序号	书名	作者	出版单位
1	诗经选	余冠英／注	人民文学出版社
2	楚辞选译	陆侃如等／选译	上海古籍出版社
3	唐诗选注	葛兆光／著	人民文学出版社
4	宋诗选注	钱锺书／著	生活·读书·新知三联书店
5	红楼梦	曹雪芹、高鹗／著	人民文学出版社
6	平凡的世界	路遥／著	人民文学出版社
7	台湾诗人十二家	流沙河／著	重庆出版社
8	古希腊悲剧经典	（古希腊）埃斯库罗斯等／著，罗念生／译	作家出版社

拓展书目

序号	书名	作者	出版单位
9	汉魏六朝诗文赋	程怡／选疏	广东人民出版社
10	世说新语笺注	余嘉锡／笺疏	上海古籍出版社
11	儒林外史	吴敬梓／著	人民文学出版社
12	人间词话	王国维／著	上海古籍出版社
13	好诗共欣赏	叶嘉莹／著	中华书局
14	史铁生散文选集	史铁生／著	百花文艺出版社
15	堂吉诃德	（西班牙）塞万提斯／著，杨绛／译	人民文学出版社
16	变形记	（奥地利）卡夫卡／著，张荣昌／译	上海译文出版社
17	叶芝诗集	（爱尔兰）叶芝／著，傅浩／译	河北教育出版社

续表7

（二）高中历史（9种）

基本书目

序号	书名	作者	出版单位
1	史记精讲	韩兆琦/著	中国青年出版社
2	万古江河	许倬云/著	上海文艺出版社
3	近代中国社会的新陈代谢	陈旭麓/著	上海人民出版社
4	全球通史	（美国）斯塔夫里阿诺斯/著，董书慧等/译	北京大学出版社

拓展书目

序号	书名	作者	出版单位
5	剑桥插图中国史	（美国）伊佩霞/著，赵世瑜等/译	山东画报出版社
6	拿破仑传	（德国）艾米尔·鲁德维希/著，梅沱等/译	花城出版社
7	林肯传	（美国）本杰明·P.托马斯/著，周颖如等/译	商务印书馆
8	领袖们	（美国）理查德·尼克松/著，施燕华、洪雪因、黄钟青等/译	新华出版社
9	毛泽东传	（美国）罗斯·特里尔/著，何宇光、刘加英/译	中国人民大学出版社

（三）高中哲学（10种）

基本书目

序号	书名	作者	出版单位
1	论语译注	杨伯峻/译注	中华书局
2	孟子选讲	刘鄂培/著	清华大学出版社
3	老子今注今译	陈鼓应/注译	中华书局
4	庄子浅注	曹础基/著	中华书局

续表 8

序号	书名	作者	出版单位
5	少有人走的路：心智成熟的旅程	（美国）M.斯科特·派克/著，于海生等/译	吉林文史出版社

拓展书目

序号	书名	作者	出版单位
6	中国哲学简史	冯友兰/著，涂又光/译	北京大学出版社
7	中国文化要义	梁漱溟/著	上海人民出版社
8	中国古代思想史论	李泽厚/著	生活·读书·新知三联书店
9	幸福散论	（法国）阿兰/著，施康强/译	上海译文出版社
10	我们内心的冲突	（美国）卡伦·霍妮/著，王作虹等/译	译林出版社

（四）高中科学（11 种）

基本书目

序号	书名	作者	出版单位
1	万物简史	（美国）比尔·布莱森/著，严维明等/译	接力出版社
2	从一到无穷大：科学中的事实和臆测	（美国）G.伽莫夫/著，暴永宁/译	科学出版社
3	伽利略的手指	（英国）彼得·阿特金斯/著，许耀刚等/译	湖南科学技术出版社
4	自私的基因	（英国）理查德·道金斯/著，卢允中等/译	中信出版社
5	数字化生存	（美国）尼葛洛庞帝/著，胡泳等/译	海南出版社
6	寂静的春天	（美国）蕾切尔·卡森/著，吕瑞兰等/译	上海译文出版社

续表 9

拓展书目			
序号	书名	作者	出版单位
7	科学究竟是什么（第三版）	（英国）A. F. 查尔默斯 / 著，鲁旭东 / 译	商务印书馆
8	果壳中的宇宙	（英国）史蒂芬·霍金 / 著，吴忠超 / 译	湖南科学技术出版社
9	为什么要相信达尔文	（美国）杰里·A. 科因 / 著，叶盛 / 译	科学出版社
10	追寻记忆的痕迹	（美国）埃里克·坎德尔 / 著，罗跃嘉 / 译	中国轻工业出版社
11	熊猫的拇指：自然史沉思录	（美国）斯蒂芬·杰·古尔德 / 著，田洺 / 译	海南出版社

（五）高中社科（10 种）

基本书目			
序号	书名	作者	出版单位
1	中国历代政治得失	钱穆 / 著	生活·读书·新知三联书店
2	乡土中国	费孝通 / 著	商务印书馆
3	牛奶可乐经济学	（美国）罗伯特·弗兰克 / 著，闾佳 / 译	中国人民大学出版社
4	政治学的邀请	（西班牙）费尔南多·萨瓦特尔 / 著，魏然 / 译	北京大学出版社
5	世纪之旅：七大国百年外交风云	（美国）罗伯特·A. 帕斯特 / 著，胡利平等 / 译	上海人民出版社

拓展书目			
序号	书名	作者	出版单位
6	政治的历史与边界	（英国）肯尼思·米诺格 / 著，龚人 / 译	译林出版社
7	洞穴奇案	（美国）彼得·萨伯 / 著，陈福勇 / 译	生活·读书·新知三联书店

续表 10

序号	书名	作者	出版单位
8	经济史的趣味	赖建诚 / 著	浙江大学出版社
9	社会学与十个大问题	（美国）乔尔·查农 / 著，汪丽华 / 译	北京大学出版社

序号	书名	作者	出版单位
10	黄河边的中国：一个学者对乡村社会的观察与思考	曹锦清 / 著	上海文艺出版社

（六）高中艺术（11 种）

基本书目

序号	书名	作者	出版单位
1	谈美	朱光潜 / 著	中华书局
2	艺术的故事	（英国）贡布里希 / 著，范景中等 / 译	广西美术出版社
3	音乐之流	（美国）理查德·A.列奥纳多 / 著，文朴 / 译	商务印书馆
4	伟大的电影	（美国）罗杰·伊伯特 / 著，殷宴等 / 译	广西师范大学出版社
5	罗丹艺术论	（法国）罗国丹 / 述，（法国）葛赛尔 / 记，傅雷 / 译	天津社会科学院出版社
6	建筑的故事	（英国）乔纳森·格兰西 / 著，罗德胤等 / 译	生活·读书·新知三联书店

拓展书目

序号	书名	作者	出版单位
7	美学散步	宗白华 / 著	上海人民出版社
8	丑的历史	（意大利）翁贝托·艾柯 / 编著，彭淮栋 / 译	中央编译出版社
9	剑桥艺术史	（英国）苏珊·伍德福德等 / 著，钱乘旦等 / 译	译林出版社
10	遥远的乡愁：台湾现代民歌三十年	重返 61 号公路 / 著	新星出版社·
11	人与土地	阮义忠 / 摄影、文	中国华侨出版社

续表 11

（七）高中博物（9种）		
基本书目		

序号	书名	作者	出版单位
1	锦灰堆	王世襄 / 著	生活·读书·新知三联书店

序号	书名	作者	出版单位
2	天道与人文	竺可桢 / 著，施爱东 / 编	北京出版社
3	中国古代衣食住行	许嘉璐 / 著	北京出版社
4	塞尔彭自然史	（英国）吉尔伯特·怀特 / 著，缪哲 / 译	花城出版社

拓展书目		

序号	书名	作者	出版单位
5	趣味考据	王子今 / 编	云南人民出版社
6	寻常的精致	孙机、杨泓 / 著	辽宁教育出版社
7	丝绸之路上的外国魔鬼	（英国）彼得·霍普科克 / 著，杨汉章 / 译	甘肃人民出版社
8	图说汉字的历史	（日本）阿辻哲次 / 著，高文汉 / 译	山东画报出版社
9	手艺中国	（美国）鲁道夫·P. 霍梅尔 / 著，戴吾三等 / 译	北京理工大学出版社

三、附录：关于读书的书（7种）		
基本书目		

序号	书名	作者	出版单位
1	如何阅读一本书	（美国）莫提默·J. 艾德勒、查尔斯·范多伦 / 著，郝明义、朱衣 / 译	商务印书馆
2	走出思维的误区：批判性思维指南	（美国）M.尼尔·布朗等 / 著，张晓辉等 / 译	世界图书出版公司
3	写给中学生的逻辑学	彭漪涟、余式厚 / 著	北京大学出版社

续表 12

拓展书目			
序号	书名	作者	出版单位
4	古今名人读书法	张明仁 / 编著	商务印书馆
5	如何读，为什么读	（美国）哈罗德·布鲁姆 / 著，黄灿然 / 译	译林出版社
6	重读经典	李书磊 / 著	中国广播电视出版社
7	思考的艺术	（美国）文森特·赖安·拉吉罗 / 著，金盛华等 / 译	机械工业出版社

三、新阅读研究所研制的《中国中学生基础阅读书目》

2014 年 9 月 18 日，公益研究机构新阅读研究所联合北京十一学校，组织专家历时三年研制完成的《中国中学生基础阅读书目》在京发布，中学生书目分为初中、高中两个书目，各精选了适合中学生阅读的文学、人文、科学经典图书 100 种。两套书目分别采取"30+70"的模式，即以 30 本基础阅读图书加 70 种推荐阅读图书的方式介绍给广大中学生。在初中生的基础图书书单上，文学经典除了《唐诗三百首》《三国演义》等古代作品外，现当代作品诸如《朝花夕拾》《边城》《海子的诗》等也都出现在书单上；国外作品除了《简·爱》《老人与海》《假如给我三天光明》等耳熟能详的作品外，还有近些年被孩子们喜爱的作品如《绿山墙的安妮》《布鲁克林有棵树》《海鸥乔纳森》等。在人文、科学类图书方面，《论语译注》《汉字王国》《杰出青少年的七个习惯》《发明的故事》《数学家的眼光》等图书都被排在书单比较显著的位置。这份书单广泛征集了知名学者、教师和中学生们的意见和建议，从中学生的角度出发，为中学生未来的发展考量，严格筛选，将那些适合中学生阅读的好书奉献给中学生们（详见表 7–3）[①]。

---

① 陈香. 新阅读研究所研制中国中学生基础阅读书目发布［N］. 中华读书报，2014–10–08（1）.

表 7-3　中国中学生基础阅读书目 [①]

一、中国初中生基础阅读书目			
（一）基础书目（30 种）			
文学类（19 种）			
序号	书名	作者	出版单位
1	唐诗三百首	蘅塘退士 / 编，顾青 / 注	中华书局
2	水浒传	施耐庵 / 著	人民文学出版社
3	三国演义	罗贯中 / 著	人民文学出版社
4	朝花夕拾	鲁迅 / 著	人民文学出版社
5	边城	沈从文 / 著，李晨 / 绘	中国青年出版社
6	月牙儿·我这一辈子：老舍短篇小说选	老舍 / 著	湖南文艺出版社
7	男生贾里 女生贾梅	秦文君 / 著	作家出版社
8	伊索寓言全集	（古希腊）伊索 / 著，李汝仪 / 译	译林出版社
9	古希腊戏剧选	（古希腊）埃斯库罗斯等 / 著，罗念生等 / 译	人民文学出版社
10	简·爱	（英国）夏洛蒂·勃朗特 / 著，祝庆英 / 译	上海译文出版社
11	契诃夫短篇小说选	（俄罗斯）契诃夫 / 著，汝龙 / 译	人民文学出版社
12	生如夏花——泰戈尔经典诗选	（印度）泰戈尔 / 著，郑振铎 / 译	江苏文艺出版社
13	最后一片叶子——欧·亨利短篇小说选	（美国）欧·亨利 / 著，黄源深 / 译	上海译文出版社
14	绿山墙的安妮	（加拿大）露西·蒙哥马利 / 著，马爱农 / 译	人民文学出版社
15	假如给我三天光明	（美国）海伦·凯勒 / 著，王家湘 / 译	北京十月文艺出版社
16	我的心只悲伤七次——纪伯伦经典散文诗选	（黎巴嫩）纪伯伦 / 著，（美国）约翰·辛格尔·萨金特 / 绘，冰心 / 译	江苏文艺出版社
17	老人与海	（美国）海明威 / 著，吴劳 / 译	上海译文出版社

---

① 新阅读研究所，北京市十一学校 . 中国中学生基础阅读书目 ［J］. 中小学管理，2014（10）：51–55.

续表1

序号	书名	作者	出版单位
18	布鲁克林有棵树	（美国）贝蒂·史密斯/著，方柏林/译	译林出版社
19	海鸥乔纳森	（美国）理查德·巴赫/著，何贵清/绘，夏杪/译	南海出版社
人文类（6种）			
1	论语译注	杨伯峻/译注	中华书局
2	名人传	（法国）罗曼·罗兰/著，傅雷/译	译林出版社
3	汉字王国	（瑞典）林西莉/著，李之义/译	生活·读书·新知三联书店
4	苏菲的世界	（挪威）乔斯坦·贾德/著，孙懿欢/绘，萧宝森/译	作家出版社
5	你一定爱读的极简欧洲史	（澳大利亚）约翰·赫斯特/著，席玉苹/译	广西师范大学出版社
6	杰出青少年的7个习惯	（美国）肖恩·柯维/著，（美国）陈允明等/译	中国青年出版社
科学类（5种）			
1	科学的旅程	（美国）雷·斯潘根贝格、（美国）黛安娜·莫泽/著，郭奕玲等/译	北京大学出版社
2	数理化通俗演义	梁衡/著	湖北少年儿童出版社
3	发明的故事	（美国）布里奇斯/著，张青民/译	陕西人民出版社
4	数学家的眼光	张景中/著	中国少年儿童出版社
5	海底两万里	（法国）儒勒·凡尔纳/著，沈国华等/译	译林出版社
（二）推荐书目（70种）			
文学类（41种）			
1	镜花缘	李汝珍/著，洪小如/改写	人民文学出版社
2	浮生六记	沈复/著，朱奇志/校译、点批，钱海燕/绘	中国青年出版社
3	朱自清散文选集	蔡清富/编	百花文艺出版社

续表2

序号	书名	作者	出版单位
4	骆驼祥子	老舍 / 著	人民文学出版社
5	文心	夏丏尊、叶圣陶 / 著	生活·读书·新知三联书店
6	呼兰河传	萧红 / 著, 侯国良 / 绘	中国青年出版社
7	射雕英雄传	金庸 / 著	广州出版社
8	俗世奇人	冯骥才 / 著	作家出版社
9	撒哈拉的故事	三毛 / 著	北京十月文艺出版社
10	平凡的世界	路遥 / 著	人民文学出版
11	我与地坛	史铁生 / 著	人民文学出版社
12	顾城的诗 顾城的画	顾城 / 著	江苏文艺出版社
13	海子的诗	海子 / 著	人民文学出版社
14	诗歌读本（初中卷）	钱理群、洪子诚 / 主编, 西渡 / 编	广西师范大学出版社
15	格列佛游记	（英国）斯威夫特 / 著, 张健 / 译	人民文学出版社
16	少年维特的烦恼	（德国）歌德 / 著, 杨武能 / 译	人民文学出版社
17	傲慢与偏见	（英国）简·奥斯汀 / 著, 王科一 / 译	上海译文出版社
18	普希金抒情诗精选集	（俄罗斯）普希金 / 著, 穆旦 / 译	当代世界出版社
19	基督山伯爵	（法国）大仲马 / 著, 蒋学模 / 译	人民文学出版社
20	汤姆叔叔的小屋	（美国）斯托夫人 / 著, 王家湘 / 译	人民文学出版社
21	茵梦湖	（德国）施托姆 / 著, 施种等 / 译	上海译文出版社
22	猎人笔记	（俄罗斯）屠格涅夫 / 著, 力冈 / 译	浙江文艺出版社
23	茶花女	（法国）小仲马 / 著, 王振孙 / 译	上海译文出版社
24	格兰特船长的儿女	（法国）儒勒·凡尔纳 / 著, 陈筱卿 / 译	人民文学出版社

续表3

序号	书名	作者	出版单位
25	狄金森诗选	（美国）艾米莉·狄金森/著，蒲隆/译	上海译文出版社
26	小妇人	（美国）路易莎·梅·奥尔科特/著，刘春英、陈玉立/译	译林出版社
27	哈克贝里·芬历险记	（美国）马克·吐温/著，张万里/译	上海译文出版社
28	爱的教育	（意大利）亚米契斯/著，夏丏尊/译	新世界出版社
29	莫泊桑短篇小说选	（法国）莫泊桑/著，赵少侯/译	人民文学出版社
30	道连·格雷的画像	（爱尔兰）王尔德/著，黄源深/译	人民文学出版社
31	青鸟	（比利时）梅特林克/著，郑克鲁/译	上海译文出版社
32	月亮和六便士	（英国）毛姆/著，傅惟慈/译	上海译文出版社
33	斯·茨威格中短篇小说选	（奥地利）斯·茨威格/著，张玉书/译	人民文学出版社
34	飘	（美国）米切尔/著，戴侃等/译	人民文学出版社
35	动物农场	（英国）乔治·奥威尔/著，荣如德/译	上海译文出版社
36	蝇王	（英国）威廉·戈尔丁/著，龚志成/译	上海译文出版社
37	毛毛——时间窃贼和一个小女孩的不可思议的故事	（德国）米切尔·恩德/著，李士勋/译	二十一世纪出版社
38	芒果街上的小屋	（美国）桑德拉·希斯内罗丝/著，潘帕/译	译林出版社
39	天蓝色的彼岸	（英国）艾利克斯·希尔/著，刀刀/绘，张雪松/译	新世界出版社
40	圣经故事	（美国）玛丽·巴切勒/编著，（美国）约翰·海森/绘，文洁若/译	华夏出版社

续表4

序号	书名	作者	出版单位
41	追风筝的人	（美国）卡勒德·胡赛尼 / 著，李继宏 / 译	上海人民出版社

人文类（12种）

序号	书名	作者	出版单位
1	中国近代史	蒋廷黻 / 著	岳麓书社
2	傅雷家书	傅敏 / 编	江苏文艺出版社
3	地图的发现	杨浪 / 著	生活·读书·新知三联书店
4	培根人生论	（英国）弗兰西斯·培根 / 著，何新 / 译	湖南文艺出版社
5	甘地自传	（印度）莫罕达斯·卡拉姆、（印度）昌德·甘地 / 著，钟杰 / 译	吉林出版集团有限责任公司
6	人类的故事	（美国）房龙、（美国）约翰·梅里曼 / 著，胡允桓 / 译	生活·读书·新知三联书店
7	人性的弱点	（美国）戴尔·卡耐基 / 著，李晨曦 / 译	译林出版社
8	渴望生活——梵高传	（美国）欧文·斯通 / 著，常涛 / 译	北京十月文艺出版社
9	牛奶可乐经济学	（美国）罗伯特·弗兰克 / 著，闾佳 / 译	中国人民大学出版社
10	365种改变世界的方法	（英国）迈克尔·诺顿 / 著，刘亦然等 / 译	生活·读书·新知三联书店
11	最美的音乐史——从巴赫到"摇滚之王"普雷斯利的故事	（德国）鲁道夫·赫富特纳 / 著，王泰智、沈惠珠 / 译	山西人民出版社
12	人类群星闪耀时	（奥地利）斯蒂芬·茨威格 / 著，高中甫、潘子立 / 译	译林出版社

科学类（17种）

序号	书名	作者	出版单位
1	科学发现纵横谈（新编）	王梓坤 / 著	北京师范大学出版社
2	科学是美丽的——科学艺术与人文思维	（美国）沈致远 / 著	上海教育出版
3	物理世界奇遇记	（美国）乔治·伽莫夫、（英国）罗素·斯坦纳德 / 著，吴伯泽 / 译	科学出版社

续表5

序号	书名	作者	出版单位
4	探求上帝的秘密	赵峥／著	北京师范大学出版社
5	视觉之旅：神奇的化学元素	（美国）西奥多·格雷／著，（美国）尼克·曼／摄影，陈沛然／译	人民邮电出版社
6	趣味天文学	（俄罗斯）别莱利曼／著，刘玉中／译	中国青年出版社
7	笔记大自然	（美国）克莱尔·沃克·莱斯利、（美国）查尔斯·E.罗斯／著，麦子／译	华东师范大学出版社
8	趣味动物学	谢乐恩／编著	中国青年出版社
9	眷恋昆虫——写给爱虫或怕虫的人	（美国）托马斯·艾斯纳／著，虞国跃／译	外语教学与研究出版社
10	人类基因的历史地图	（美国）史蒂夫·奥尔森／著，霍达文／译	生活·读书·新知三联书店
11	生命的多样性	（美国）爱德华·欧·威尔逊／著，王芷等／译	湖南科学技术出版社
12	寂静的春天	（美国）蕾切尔·卡森／著，吕瑞兰·李长生／译	上海译文出版社
13	大自然的文字	（俄罗斯）伊林谢加尔／著，沈念驹／译	浙江文艺出版社
14	发现之旅——历史上最伟大的十次自然探险	（英国）托尼·赖斯／编著，林洁盈／译	商务印书馆
15	大科学家50	（德国）贝恩德·舒／著，张社蚕／译	生活·读书·新知三联书店
16	时间机器·隐身人	（英国）威尔斯／著，叶旭军、庄建华／译	辽宁少年儿童出版社
17	火星编年史	（美国）雷·布拉德伯里／著，陶雪蕾／译	四川科学技术出版社

二、中国高中生基础阅读书目

（一）基础书目（30种）

文学类（15种）

| 1 | 宋词三百首（新注本） | 上疆村民／编，谷学彝／注 | 中华书局 |

续表6

序号	书名	作者	出版单位
2	古文观止	吴楚材、吴调侯 / 编选，葛兆光、戴燕 / 注解	中华书局
3	红楼梦	曹雪芹、高鹗 / 著，俞平伯 / 校，启功 / 注	人民文学出版社
4	呐喊 彷徨 故事新编	鲁迅 / 著，丁聪 / 绘	人民文学出版社
5	家	巴金 / 著	人民文学出版社
6	雷雨	曹禺 / 著	人民文学出版社
7	围城	钱锺书 / 著	人民文学出版社
8	白狗秋千架	莫言 / 著	上海文艺出版社
9	莎士比亚悲剧喜剧集	（英国）威廉·莎士比亚 / 著，朱生豪 / 译	译林出版社
10	蒙田随笔	（法国）蒙田 / 著，梁宗岱、黄建华 / 译	人民文学出版社
11	堂吉诃德	（西班牙）塞万提斯 / 著，张广森 / 译	上海译文出版社
12	巴黎圣母院	（法国）雨果 / 著，陈敬容 / 译	人民文学出版社
13	高老头	（法国）巴尔扎克 / 著，张冠尧 / 译	人民文学出版社
14	复活	（俄罗斯）列夫·托尔斯泰 / 著，安东南风 / 译	上海译文出版社
15	百年孤独	（哥伦比亚）加西亚·马尔克斯 / 著，范晔 / 译	南海出版公司
人文类（9种）			
1	傅佩荣译解大学中庸	傅佩荣 / 著	东方出版社
2	史记选	王伯祥 / 选注	人民文学出版社
3	中国哲学简史	冯友兰 / 著，赵复三 / 译	生活·读书·新知三联书店
4	谈美	朱光潜 / 著	广西师范大学出版社
5	苏东坡传	林语堂 / 著，张振玉 / 译	湖南文艺出版社
6	民主的细节	刘瑜 / 著	上海三联书店

续表7

序号	书名	作者	出版单位
7	万历十五年	（美国）黄仁宇／著	中华书局
8	理想国	（古希腊）柏拉图／著，郭斌和、张竹明／译	商务印书馆
9	菊与刀	（美国）鲁思·本尼迪克特／著，吕万和等／译	商务印书馆
科学类（6种）			
1	从一到无穷大——科学中的事实和臆测	（美国）G.伽莫夫／著，暴永宁／译，吴伯泽／校	科学出版社
2	科学的历程	吴国盛／著	北京大学出版社
3	数学大师——从芝诺到庞加莱	（美国）埃里克·坦普尔·贝尔／著，徐源／译	上海科技教育出版
4	宇宙	（美国）卡尔·萨根／著，周秋麟等／译	吉林人民出版社
5	物种起源	（英国）查理·达尔文／著，钱逊／译	江苏人民出版社
6	蚕丝——钱学森传	（美国）张纯如／著，鲁伊／译	中信出版社
（二）推荐书目（70种）			
文学类（35种）			
1	诗经选	余冠英／选注	中华书局
2	唐宋传奇选	张友鹤／选注	人民文学出版社
3	元人杂剧选	顾学颉／选注	人民文学出版社
4	西厢记	王实甫／著，张燕瑾／校注	人民文学出版社
5	聊斋志异选	蒲松龄／著，李伯奇、徐文军／选注	人民文学出版社
6	儒林外史	吴敬梓／著，张慧剑／校注，陈十髪／绘	人民文学出版社
7	饮水词笺校	纳兰性德／著，赵秀亭、冯统一／笺	中华书局
8	人间词话译注	施议对／译注	岳麓书社
9	九叶派诗选	蓝棣之／编	人民文学出版社

续表 8

序号	书名	作者	出版单位
10	毛泽东诗词欣赏	周振甫 / 著	中华书局
11	寂寞的十七岁	白先勇 / 著	广西师范大学出版社
12	倾城之恋	张爱玲 / 著	北京十月文艺出版社
13	平凹散文	贾平凹 / 著	浙江文艺出版社
14	灵魂只能独行	周国平 / 著	人民文学出版社
15	我的精神家园	王小波 / 著	北京十月文艺出版社
16	文化苦旅	余秋雨 / 著	东方出版中心
17	野火集	龙应台 / 著	生活·读书·新知三联书店
18	一个人的村庄	刘亮程 / 著	春风文艺出版社
19	朦胧诗新编	洪子诚、程光炜 / 编选	长江文艺出版社
20	活着	余华 / 著	作家出版社
21	穆斯林的葬礼	霍达 / 著	北京十月文艺出版社
22	忏悔录	（法国）卢梭 / 著，范希衡等 / 译	人民文学出版社
23	红与黑	（法国）司汤达 / 著，张冠尧 / 译	人民文学出版社
24	大卫·科波菲尔	（英国）狄更斯 / 著，庄绎传 / 译	人民文学出版社
25	呼啸山庄	（英国）艾米丽·勃朗特 / 著，宋兆霖 / 译	上海译文出版社
26	变形记	（奥地利）弗朗茨·卡夫卡著，李文俊、米尚志 / 译	译林出版社
27	瓦尔登湖	（美国）亨利·戴维·梭罗 / 著，徐迟 / 译	上海译文出版社
28	推销员之死	（美国）阿瑟·米勒 / 著，英若诚 / 译	上海译文出版社
29	了不起的盖茨比	（美国）菲茨杰拉德 / 著，巫宁坤等 / 译	上海译文出版社
30	雪国	（日本）川端康成 / 著，林少华 / 译	青岛出版社

续表9

序号	书名	作者	出版单位
31	麦田里的守望者	（美国）杰罗姆·大卫·塞林格/著，施咸荣/译	译林出版社
32	荒诞派戏剧选	（法国）贝格特等/著，施咸荣等/译	外国文学出版社
33	日瓦戈医生	（俄罗斯）鲍·列·帕斯捷尔纳克/著，白春仁、顾亚玲/译	上海译文出版社
34	挪威的森林	（日本）村上春树/著，林少华/译	上海译文出版社
35	逃离	（加拿大）艾丽丝·门罗/著，李文俊/译	北京十月文艺出版社
人文类（25种）			
1	老子今注今译	陈鼓应/注译	商务印书馆
2	庄子	孙通海/译注	中华书局
3	孟子译注	杨伯峻/译注	中华书局
4	中国文化的命运	梁漱溟/著	中信出版社
5	中国古建筑二十讲	楼庆西/著	生活·读书·新知三联书店
6	乡土中国	费孝通/著	人民出版社
7	司马迁之人格与风格	李长之/著	天津人民出版社
8	梓翁说园	陈从周/著	北京出版社
9	李鸿章与晚清四十年	雷颐/著	山西人民出版社
10	天朝的崩溃——鸦片战争再研究	茅海建/著	生活·读书·新知三联书店
11	美的历程	李泽厚/著	生活·读书·新知三联书店
12	定西孤儿院纪事	杨显惠/著	花城出版社
13	重新发现社会	熊培云/著	新星出版社
14	总统是靠不住的	林达/著	生活·读书·新知三联书店
15	写给中学生的逻辑学	彭漪涟、余式厚/著	北京大学出版社

续表 10

序号	书名	作者	出版单位
16	袁氏当国	唐德刚 / 著	广西师范大学出版社
17	王二的经济学故事	郭凯 / 著	浙江人民出版社
18	论法的精神	（法国）孟德斯鸠 / 著，许明龙 / 译	商务印书馆
19	超越自卑	（奥地利）阿尔弗雷德·阿德勒 / 著，郁丹 / 译	凤凰出版社
20	第三帝国的兴亡	（美国）威廉·夏伊勒 / 著，董乐山等 / 译	世界知识出版社
21	全球通史——从史前史到21世纪	（美国）斯塔夫里阿诺斯 / 著，吴象婴等 / 译	北京大学出版社
22	文明的冲突与世界秩序的重建	（美国）塞缪尔·亨廷顿 / 著，周琪等 / 译	新华出版社
23	乌合之众——大众心理学研究	（法国）古斯塔夫·勒庞 / 著，严雪莉 / 译	凤凰出版社
24	寻路中国——从乡村到工厂的自驾之旅	（美国）彼得·海斯勒 / 著，李雪顺 / 译	上海译文出版社
25	给莉莉的信——关于世界之道	（英国）艾伦·麦克法兰 / 著，管可秾、严潇潇 / 译	商务印书馆
科学类（10种）			
1	伽利略的手指	（英国）彼得·阿特金斯 / 著，许耀刚等 / 译	湖南科学技术出版社
2	战争的果实——军事冲突如何加速科技创新	（美国）迈克尔·怀特 / 著，卢欣渝 / 译	生活·读书·新知三联书店
3	啊哈，灵机一动	（美国）马丁·伽德纳 / 著，李建臣、刘正新 / 译	科学出版社
4	量子世界——写给所有人的量子物理	（美国）肯尼斯·W.福特 / 著，王菲 / 译	外语教学与研究出版社
5	平行宇宙	（美国）加来道雄 / 著，伍义生、包新周 / 译	重庆出版社
6	科学大师的失误	杨建邺 / 著	湖北科学技术出版社
7	自私的基因	（英国）里查德·道金斯 / 著，卢允中等 / 译	吉林人民出版社

续表 11

序号	书名	作者	出版单位
8	致命的盛宴	（美国）理查德·罗德斯 / 著，汪仲、张定绮 / 译	中国青年出版社
9	怀斯曼生存手册	（英国）约翰·怀斯曼 / 著，张万伟、于靖蓉 / 译	北方文艺出版社
10	爱因斯坦：生活和宇宙	（美国）沃尔特·艾萨克森 / 著，张卜天 / 译	湖南科学技术出版社

第八讲
当代中学生阅读的时代性与个性

人类文明史就是一部阅读的历史[①]，我国历来有重视阅读的优良传统，阅读载体从史前的洞穴绘画到甲骨文、活字印刷，再到互联网时代的音像文献、缩微文献、数字文献等，随着时代发生了巨大的变化。文字和书籍改变了世界，阅读也改变了世界。阅读行为受到所处的社会环境的影响，如政治环境、经济环境和文化环境[②]。因此，阅读具有很强的时代性，阅读的时代性孕育了阅读的个性，而中学生作为本书特定的关注主体，其阅读活动也具有相应的时代性和个性。

第一节　当代中学生阅读的时代性

一、阅读的时代性

（一）阅读的时代性概念

时代有两个含义，一是从广义上来说，历史上以经济、政治、文化等状况为依据而划分的时期，二是从狭义上来说，指人的一生中的某个时期。本书所论及的"时代性"是广义的。阅读的时代性主要表现在阅读风气、阅读方式是随时代而变化的，阅读活动受当时政治、经济、文化以及教育等社会因素的影响[③]。

---

① 沈小丁，郑辉.论阅读［J］.图书馆，2007（6）：53–55.
② 李超平.公共图书馆宣传推广与阅读促进［M］.北京：北京师范大学出版社，2013：164–165.
③ 刘泳洁，盛小平，陈晨.国内阅读文化研究综述［J］.情报理论与实践，2012（12）：121–125.

（二）社会环境对阅读的影响

1. 政治环境对阅读的影响

（1）政治意识。阅读风气的形成，是一个时期政治、学术情况的综合体现，并深受政治的影响。政治意识影响阅读，在历史上有深刻的体现。民主开放的社会政治制度有利于阅读的兴盛；而封建专制的政治环境则对阅读有遏制作用。历代统治者根据自身统治的需要，把政治意识渗透到文化生活的各个方面，深刻影响着人们的阅读心理、读物选择和社会阅读状况，使人们的阅读审美政治化，阅读选择单一化 [①]。

（2）禁书。历代统治者为强化其政治思想统治，对威胁其统治思想的文献进行深度排查，主要体现在禁书运动和重新整理书籍和书目，造成大量的图书流失。比如西方中世纪罗马教廷公布禁书目录，19 世纪后期俄罗斯的禁书运动，中国历史上秦始皇"焚书坑儒"、汉武帝的"罢黜百家"到清朝纂修《四库全书》对大批图书的禁毁，等等 [②]，这样的环境下百姓被剥夺了自由阅读的权利。

2. 经济环境对阅读的影响

（1）经济条件。经济基础决定上层建筑，经济水平的高低决定着阅读开展的普及程度。生产力低下、经济落后的社会环境下，人们都没有机会接受教育，更无暇关注阅读；近代工业革命后，以扫盲运动开展的识字教育兴起，大多数社会成员才有机会接受基础教育，阅读逐渐进入了普通百姓的生活。

（2）个人需求。随着经济水平的提高，个人的生活水平也相应提高，在温饱问题解决的情况下，人们对生活品质提出了更高的要求，阅读需求应运而生。"书对衣食无忧的人而言是必需品，但对那些不知道下一餐在哪里的人却是奢侈品。" [③]

（3）出版事业。经济基础是阅读文化发展的先决条件，经济建设水平越高，出版事业就越繁荣兴盛，藏书机构与藏书家众多，人们才会有机会去感受丰富的阅读资源，享受阅读带来的满足。而足够的阅读资源的品类与数量是培养阅读兴

---

① 王余光.中国阅读史研究纲要［J］.高校图书馆工作，2007（2）：1-3，8.

② 同①.

③ 崔利斯.朗读手册［M］.沙永玲，麦奇美，麦倩宜，译.天津：天津教育出版社，2006：178.

趣的前提条件，进而影响到阅读水平的高低。

（4）公共图书馆事业。我国幅员辽阔，经济发展水平存在地域的不平衡，延伸到各个领域，包括公共文化事业。就公共图书馆事业来说，东部地区的公共图书馆事业发展水平最高，西部地区等经济欠发达的地区相对落后。经济发达的地区，公共图书馆经费保障充足，文献资源丰富，配套设施齐全，专业技术馆员较多，读者活动如火如荼地开展，全民阅读的氛围浓厚。经济欠发达地区，服务内容相对单一，服务方式相对落后，阅读氛围相对缺乏。

3. 教育对阅读的影响

个人受教育程度决定着阅读能力的大小，社会教育的普及与否影响到社会阅读风气的好坏。创造良好的阅读风气可以从两方面入手：① 阅读从娃娃抓起，培养青少年的阅读习惯。 只有培养青少年的阅读习惯，提高其阅读能力，才能逐渐形成良好的阅读风气。② 学校、家庭、社区营造良好的阅读氛围。我国在改革开放以后，全社会范围进行扫盲运动，尤其是普及九年制义务教育，阅读氛围日渐浓厚，教育对阅读起到了重要的促进作用。有研究表明，父母受教育程度越高，越重视阅读，孩子热爱阅读的可能性越大，阅读能力也越强。

相关链接：书越容易获取，人们的阅读成绩越高

过去 10 年来，克拉生、杰夫·麦奇伦、艾林顿和基思·柯里·兰斯等研究人员在研究报告中指出：书越容易获得，人们的阅读成绩越高；相反，书不容易获得就会导致阅读成绩低下。这与地区的经济发展水平、文化需求有关，拥有较好的图书馆、书店，社会对家庭教育重视，便会有较高的阅读成绩。艾利1992 年对 32 个国家的 21 万名学生所进行的研究也印证了该结果。所处的社会氛围越好，出版物环境越好，学校图书馆和公共图书馆等机构越大，学生的阅读成绩也会相应越好。

资料来源：崔利斯. 朗读手册［M］. 沙永玲，麦奇美，麦倩宜，译. 天津：天津教育出版社，2006：178.

（三）时代的变迁

1. 手工抄写时代

文献稀缺时代，图书来之不易，藏书有限，复本也较少，图书以借阅和手工抄写为主要流通方式，产生了许多抄书人，抄书人终生默默无闻，却为古代书籍的传承做出了贡献[①]。我国古代的阅读以科举制度的设立为分界线，科举之前以欣赏型阅读为主，科举制后的阅读以学习型阅读为主。古人读书多为精神享受，而非外在物质追求，因此优秀的传统文化得以传承发展。科举制后读书人则秉承着"学而优则仕"的思想，以四书五经等"圣贤书"为主要阅读对象，阅读不再仅仅是其追求精神愉悦的方式，阅读的意义大大降低。

2. 印刷时代

毕昇的活字印刷术的发明，大大促进了我国古代文献的发展。现代工业革命产生的机械自动化，又极大地提高了文献的增长速度。这个时期，人们阅读以学习型为主，获得科学知识，提高科学文化修养，以适应社会快速的变革与发展，人们获得文献的方式也发生了改变，以买书和借书为主。社会上形成了个人藏书的浓厚氛围，但是单凭一己之力没有办法满足多样化阅读的需求，公共图书馆等公共文化机构应运而生，对推动全民阅读具有不可或缺的作用。

3. 互联网时代

随着现代信息技术的不断发展，社会已跨入了"互联网+"大数据时代。信息量激增，人们获取信息的途径更加便捷，阅读的方式也发生了改变，电脑、平板电脑、手机等阅读工具的使用，全民阅读在各地紧锣密鼓地开展。但是，不可否认的是，纷繁复杂的网络环境中，存在着大量不良信息，如何去粗取精，去伪存真，将大众网络阅读与传统经典阅读相结合，是网络时代的重要话题。

二、互联网时代中学生的阅读活动

互联网的普及，大众文化的传播，对中学生的阅读活动造成了一定的影响，"浅阅读"成为普遍现象，学生的阅读已经从文字阅读走向了视觉阅读，从学习型阅

---

① 彭斐章，费巍.阅读的时代性与个性［J］.中国图书馆学报，2008（3）：9–15，23.

读变为娱乐型阅读 [①]。面对大众文化，中学生由于自控能力较差，容易沉溺其中，特别是在学业压力较大的情况下，消遣性的浅阅读成为中学生普遍接受的阅读方式，越来越多的中学生对经典名著的认识是从影视作品入手的。同时，中学生阅读的文化呈现出了娱乐化、休闲化的特点，言情小说、武侠小说、漫画连载等通俗读物受到中学生的喜爱。

如何在互联网时代做到有效阅读，不妨从以下两方面入手：

（一）激发中学生的阅读期待

阅读期待是接受美学上的概念，是指促进阅读活动的推动力 [②]。可以有选择性地采用大众文化激发中学生的阅读期待，将影视作品与文学欣赏相结合，不仅丰富学生的课余生活，还培养学生对阅读的兴趣，从而回归对原著的文本阅读，有效开展经典阅读。

（二）针对中学生开展特定的经典阅读活动

《国家中长期教育改革和发展规划纲要（2010—2020）》中指出，中学校园应大力推广阅读，不仅有效地促进每个学生德智体全面发展，而且是国家建立人才强国的重要教育措施之一。互联网时代，学校和图书馆等机构可以组织故事会、读者沙龙、读书会等丰富多彩的阅读活动，并做好相关的书目推荐工作，寓教于乐，引导学生热爱读书，享受阅读。公共图书馆等公益性机构应积极开展读者咨询、信息检索等个性化的读者活动，让学生能主动检索所需的阅读资源，从而提高信息素养，培养阅读的兴趣。

第二节　当代中学生阅读的个性

阅读的时代性孕育了阅读的个性。网络信息化时代，如何根据中学生阅读的特点，培养中学生的阅读个性，以此来弘扬阅读个性，培养全民阅读的意识，是本节的研究内容。

---

① 秦小芬 . 论阅读的时代性对大学生阅读行为的影响 [J]. 科技信息，2013（5）：188–189.
② 关鑫，陈树生 . 浅析大众文化时代下的中学生阅读 [J]. 教育理论与实践，2008（5）：60–61.

一、中学生阅读个性的特点

阅读个性是基于自己特有的阅读体验与价值判断，针对特定目标，有选择地进行阅读[①]。由于中学生其特有的个性特点，可从以下四方面对其进行分析。

（一）特定的阅读目的

每个读者都是特定的个体，具有独特的个性，进而影响其阅读行为。不同的读者有不同的阅读倾向和阅读体会，"一千个读者，就有一千个哈姆雷特"，即仁者见仁，智者见智。中学生不仅有自身阅读素养提升的需求，也有学业成绩的要求，在阅读方面的侧重点也会不同。

（二）独特的阅读经历

阮冈纳赞的《图书馆学五定律》中提到，"每个读者有其书""每本书有其读者"，不同的学生个体对同一本书会有不同的阅读体会。如果某个学生对某个学科比较感兴趣，就会运用其以往的知识经验对该学科的图书进行客观评价，不仅加深对该学科的印象，也提升其学术素养。

（三）独特的阅读品位

人类的发展过程是"实践—认识—实践"的过程，阅读也不例外。中学生会根据其以往的阅读经验，对现在的阅读活动做出评价。例如，以提高人文素质为目的的经典书目，对中学生的阅读实践具有理论指导作用，伴随着阅读过程中新的认识和理解，又作用于新的阅读实践。

（四）阅读对象的选择

读一本好书，就是和许多高尚的人谈话。中学生在阅读时应有所取舍，有所辨别，是纸质阅读还是网络阅读？是经典阅读还是消遣阅读？要充分利用网络这把双刃剑，让学生能在喧嚣与浮躁的时代，静下心来慢慢品经典，读名著，学习先哲的思想与智慧，传承优秀传统文化。

二、当代中学生阅读个性的塑造

苏州市副市长朱永新说，一个人的精神发育史就是阅读史，没有阅读就没有

---

① 彭斐章，费巍 . 阅读的时代性与个性 [J] . 中国图书馆学报，2008（3）：9–15，23.

心灵的成长，就没有人的精神的发育。因此，塑造中学生的阅读个性，要从小抓起，先要培养其阅读兴趣，提高其阅读品位，从而提高其阅读水平。

（一）弘扬传统文化　鼓励深度阅读

在大众文化的背景下，社会充斥着各类信息，我们应返璞归真，回归经典阅读。读经典就是与先哲们进行深度对话，学习其思想智慧，这与当今社会的浅阅读有所不同。网络阅读和浅阅读是以通俗性阅读为主，浅显易懂，吸引了众多中学生，但却忽略了深入的思考与理解，容易造成奢华浮躁。塑造阅读的个性，我们还应倡导深度阅读，让中学生在文字阅读中理解深层次的文明和传承，用心感受经典文字带来的视觉盛宴和心灵感悟，进而提高中学生的阅读品位。

（二）倡导全民阅读　完善书目导读

当今社会，各地都在加快推进全民阅读，建设书香社会，但同时，我国的应试教育也暴露出了一些问题：对中学生缺乏全面发展的人性化关怀，唯成绩论现象明显，书本知识与现实生活脱离。为改善这种现象，社会提倡广泛的课外阅读，其中经典书目导读发挥了重要作用。倡导阅读的首要任务就是帮读者解决"读什么，怎么读"的问题，其次才有可能造就知识渊博、品格高尚的人。经典书目导读让学生能够在短时间内快速了解传统文化，了解各学科的经典著作，从而为深入全本阅读创造有利条件，为青少年陶冶情操、提高素养提供了有力支持。

（三）弘扬阅读个性　提升阅读素养

弘扬阅读个性，不仅可以激发青少年的创新思维，而且能够提升学生的阅读素养。我们提倡在阅读精神的引领下，青少年根据自身的兴趣和爱好去选择阅读，从而提升个人的阅读品位。大众文化背景下，部分中学生心态浮躁，远离经典，精神世界空虚且迷茫，急需优秀的传统文化来丰富青少年的精神文化世界，以期提升其阅读素养，从而增强国家的创新能力。

（四）健全人格培养　倡导阅读疗法

社会阅读是一种社会现象，通过阅读不仅能够提升个人的信息素养，也能够健全身心健康，辅助治疗精神疾苦。"阅读疗法"是以文献为工具，将阅读作为养生保健以及辅助治疗的手段，通过对阅读的指导来修养身心的一种方法[①]。通过阅读可以消除学习障碍、困惑、抑郁、孤独，帮助青少年儿童健全人格修养。

相关链接：阅读疗法　治疗各种心理不平衡

在美国和中国台湾地区，学校心理咨询师广泛使用读书治疗。在一项对美国犹他州的 50 位学校心理咨询师的调查中，82% 的咨询师会在咨询活动中使用阅读治疗，一个月至少使用一次的频率，主要针对学生的焦虑、自尊和校园欺凌等方面的问题。众多台湾学者用阅读疗法对学生进行心理辅导，包括生命教育、性别教育、情绪辅导以及自我肯定等，效果获得专家的认可。

资料来源：叶英儿. 中学图书馆读书治疗的实验研究[J]. 图书馆研究与工作，2016（3）：45-47，62.

三、图书馆塑造中学生阅读个性

（一）加强文献资源建设

文献资源是图书馆运行的基本保障，公共图书馆要重视文献资源的建设，尤其是地方文献的收集与整理，弘扬中华优秀传统文化。学校图书馆在文献资源建设中也应兼顾哲学、科技、自然等方面的文献保障，重点加强优秀传统文化的传承与发展，使得中学生在正确的阅读精神引领下，身心健康发展。

（二）开展阅读辅导教育

很多读者利用图书馆的意识较为薄弱，如何利用图书馆资源成了图书馆阅读辅导的重点工作。图书馆不仅要提供面向中学生的应知应会资料，让中学生对图书馆的各项功能有所了解，同时辅导青少年学生正确使用图书馆的文献资源，通过开展丰富多彩的读者活动，吸引中学生走进图书馆，利用图书馆。

（三）开展信息素养培训

信息化网络时代，如何甄别有用的信息，是中学生急需学习的一种技能。学校图书馆、公共图书馆可以开设读者信息素养培训讲座，面向不同年龄的

---

① 王波. 阅读疗法 [M]. 北京：海洋出版社，2007：11-12.

中学生开展分级分类的信息检索课程，让中学生"知其然，亦知其所以然"，学会信息检索技巧，在网络和数据库中找到自己所需的资源，从而实现有效阅读。

（四）提高馆员服务水平

图书馆服务水平的高低，取决于馆员的信息素养和个人的业务水平。GB/T28220–2011《公共图书馆服务规范》规定，公共图书馆应坚持实施全体工作人员的教育培训计划，年人均教育培训时间应不少于72学时。因此，强化图书馆馆员的服务意识，提升馆员的知识技能和业务水平，为图书馆开展学生阅读辅导工作夯实基础极其重要。

第三节　中学生的数字阅读

互联网兴起之初，以网络阅读为主，随着科学技术的发展，在线阅读、移动阅读、网络阅读进入人们的视野，并逐渐趋同为数字阅读的概念[①]。而在全民阅读推广中，数字阅读是重要的组成部分。第十五次全国国民阅读调查显示，我国成年人的国民数字阅读接触率为73%，过半倾向于数字阅读[②]。未成人年使用手机、平板电脑和掌上电脑等移动工具进行数字阅读，是数字阅读的使用大军。数字阅读和纸质阅读并存，数字阅读已呈现快速发展的趋势。

一、中学生数字阅读的特点

（一）阅读需求的多样性

调查显示，中学生的阅读需求呈现出多样性的特点，集中表现在"开阔视野、

---

① 黄朋月. 国内未成年人数字阅读研究热点与发展趋势探析［J］. 图书馆工作与研究，2017（12）：119–123.

② 中国新闻出版研究院全国国民阅读调查课题组. 第十五次全国国民阅读调查主要发现［J］. 出版发行研究，2018（5）：5–8.

增长知识""个人兴趣爱好""课外阅读需要"等方面①。但对于付诸实践的阅读活动，呈现出人均阅读量少、阅读时间不足的现象，文献的阅读量更是不容乐观，这与学业压力重、无暇阅读存在一定的关系。

（二）阅读方式的并存性

互联网时代，传统阅读受到数字阅读的冲击，纸质读物的增长速度不及数字阅读的增长趋势。青少年由于学业的关系，课堂时间上纸质阅读依然是其主要的阅读方式，但鉴于多媒体的传播方式全方位刺激着学生的感官，以及平板电脑、手机等移动终端的可获得性和易操作性，课外时间青少年的数字阅读以51%的比例超越了纸质阅读②，出现了传统纸质阅读和数字阅读并存的现象，青少年的阅读方式悄然发生着改变。

（三）阅读对象的通俗性

大众文化时代，中学生的数字阅读呈现出娱乐化、通俗化的特点，通俗的故事情节替代了经典文本上深层次的文化内涵，中学生不再进行深入阅读，取而代之的是消遣性阅读，碎片化的阅读。这种浅尝辄止的阅读模式使得中学生停留在文献表面，阅读的体会较为浅显，阅读的思维分析逐渐缺失，想象力得不到有效锻炼。

（四）阅读素养的缺乏性

数字阅读素养是指为了实现个人目标、积累知识和开发潜能以及参与社会活动，对数字媒介呈现出的阅读文本进行获取定位、整合理解、评价反思、参与创造的能力③。国外对阅读素养的研究较为深入，如PIRLS(国际阅读素养进步研究)、PISA（学生能力国际评估计划)，将学生的阅读素养用量化的指标来测评。而国内对中学生数字阅读素养的研究大多停在理论研究层面，只有北京、上海等城市做过实例研究，如何采取互联网与新技术的交互融合来促进数字阅读，进行有效测评，将成为研究的重点。

---

① 上海市新闻出版局.上海市青少年阅读状况调查分析报告（2013年度）[EB/OL].（2013–11–09）[2019–12–11]. https://max.book118.com/html/2017/0104/79774232.shtm.

② 陈婷. 2014年首都青少年阅读状况调查报告［EB/OL］.［2019–12–11］. http://www.bjwmb.gov.cn/hdwmw/wmdt/zxdt/t20140423_570171.htm.

③ 杨晓兰.发展中学生数字化阅读素养的信息技术教学研究［D］.温州：温州大学，2014：20.

二、中学生数字阅读的引导和推广

（一）加快落实中学生的数字阅读机制

少年强则国强，青少年的阅读事关国家和民族的未来。国家应加强顶层设计，借鉴国外全民阅读运动的做法，从政策层面明确提出对数字阅读素养的要求，尽快建立健全促进青少年阅读的机制。围绕《公共图书馆法》中关于数字阅读的政策，督促各地根据相关的法律制度完善地方的数字阅读机制，鼓励经济发达的地方优先立法，支持青少年数字阅读。国家标准《公共图书馆少年儿童服务规范》中针对 0~18 岁的少年儿童提出服务规范，其中青少年服务需求方面有所列举，需要配套相应的规范条例来完善青少年阅读机制。教育部方面要在课程方案的修订和课程标准修订中提出对数字图书馆的要求，尽快落实数字阅读测评机制。

（二）建立完善的数字资源保障体系

根据青少年学生的年龄结构、生理需求、心理需求、阅读能力等因素的影响，确定不同层级的数字资源，加强分级阅读。第一，应树立分级阅读的理念，完善不同层级的阅读资源，以系统性和连续性为原则建立稳定的数字资源保障体系；第二，加大政府对数字资源的经费投入，并及时足额地拨付；第三，依托国家公共文化数字工程和国家数字资源公共服务体系，整合公共文化服务平台资源；第四，完善社会力量参与数字资源的建设，满足中学生多样化的文献资源需求；第五，支持学校图书馆和公共图书馆的资源共建共享，保障资源的开放供给。

（三）重视数字阅读素养培训

《全民阅读"十三五"时期发展规划》指出数字阅读推广的基本理念是"规划和引导数字化阅读,提高数字化阅读的质量和水平"[1]。作为未来全民阅读的主体，数字阅读已成为青少年的"必修课"，数字阅读修养成为青少年的必备素质。图书馆和学校可因势利导，将多媒体网络等平台作为数字阅读资源的切入口，吸引中学生的阅读兴趣，引导学生科学使用数字阅读资源[2]；开设数字阅读指导培

---

[1] 国家新闻出版广电总局.全民阅读"十三五"时期发展规划［EB/OL］.（2016–12–27）［2019–12–11］. http://www.nppa.gov.cn/nppa/contents/279/1609.shtml.

[2] 彭嗣禹，陈润好.中小学生数字阅读推广的困境与突破［J］.图书馆论坛，2019（9）：1–8.

训，结合学生发展核心素养、学习表现性水平等阅读能力的内涵与外延进行科学指标的分解与细化；有条件的地区可以建立反映当地中学生学业水平的阅读测试数据库，完成以数据为依托、基于标准的中学生阅读测评框架 [①] 的建立。

第四节　中学生的英文阅读

随着经济全球化的发展，语言全球化也应运而生，作为"国际语言""世界语言"，英语已成为语言全球化的主角。中学生的英语阅读在英语学习中占据着重要地位，培养中学生的英语阅读习惯，提升中学生的英语阅读能力，是培养中学生英语核心素养的重要因素，也是 21 世纪对人才的基本要求。

一、英语阅读素养的定义

PIRLS（国际阅读素养进展研究）项目将阅读素养定义为：理解和运用社会所需要或个人认为有价值的书面语言形式的能力。PISA（学生能力国际评估计划）对阅读素养的定位为：为实现个人目标、发展知识和潜能、参与社会活动，对文本所进行的理解、使用、反思和积极主动的投入。英语阅读素养包含阅读素质和阅读品格，是长期实践积累形成的。阅读素养是中学生必备的学习能力，是学科学习的基础能力，对培养学生的创新性思维、批判性思维和社会交往能力具有不可替代的作用 [②]。

二、中学生英语阅读的现状

（一）阅读需求功利性

英语阅读的兴趣，是学好英语的前提。当代中学生英语阅读的需求呈现出多样性的特点，大部分学生因为兴趣喜欢英语，对英语阅读持肯定的态度；但也有的学生纯粹是为了应试，甚至排斥英语。希望通过英语阅读扩大词汇量、提高英语学习成绩的

---

① 邹一斌 .PISA2012（上海）：从传统阅读到数字阅读［J］.上海教育科研，2015（2）：16–19，10.

② 王洪明 . 高中生英语阅读素养的构建［J］. 教学与管理，2017（8）：49–51.

想法，存在着一定的功利性，与目前英语课程标准大相径庭，英语课程则是希望学生在英语学习过程中，发展与人沟通和合作的能力，增进跨文化理解和跨文化交流的能力，树立正确的人生观、世界观和价值观，增强社会责任感，全面提高人文素养[①]。

（二）阅读范围狭隘性

阅读读物，在整个阅读活动中是重要的组成部分，读物的范围与类型、读物的载体对阅读行为有深远的影响。中学生对阅读的题材集中在科普、动漫、幽默读物等方面，其中学校推荐的教材或者教辅占据了很大比重。中学生的英语读物范围相对狭隘，按照课程标准的要求，学生每天的课外阅读量超过 100 个单词，年级越高，任务越重，中学生除了应付老师的作业考试外，较少进行课外阅读[②]。

（三）阅读习惯不足

良好的阅读习惯是在长期的阅读实践中形成的，阅读需要定时定量地去完成。但实际阅读教学中学校老师缺乏对中学生的阅读习惯的培养和阅读方法的指导。初中生课外阅读任务较少，课外阅读时间比较多，但由于自主阅读的意识不够，需要老师和家长的引导和训练，但是部分老师对阅读教学的引导方式较为模糊，没有在阅读方式上给予专业化的指导。而高中生因为学习任务重，课外阅读时间相对较少，虽以自主阅读为主，但是大部分的阅读都是由老师统一安排阅读资源，为了学习而学习，唯高分论现象盛行，英语课外阅读氛围严重缺乏。

三、当代中学生提升英语阅读素养的途径

在中学生英语阅读实践中，反映出了诸多问题，切实有效地提高中学生的英语阅读素养，提升英语阅读的能力，不妨从以下方面着手：

（一）树立文化育人理念 营造英语阅读文化

互联网时代，世界发生着日新月异的变化，国与国之间的交流日渐频繁，不同文化之间正发生着激情碰撞。学校方面，要树立文化育人的理念，以培养学生语言文化素养为目标，推动学生的全面发展。老师要立足教材，为学生提供健康

---

① 唐娟，周胜.核心素养视阈下中学生课外英语阅读观调查研究［J］.英语教师，2019（19）：58–62.

② 朱冬雅.提升中学生英语阅读能力的有效途径探究［J］.英语教师，2017（22）：104–106.

的学习环境，培养学生的英语阅读素养，从而达到文化育人的目标。各类图书馆要积极营造英语文化氛围，通过采购题材丰富又蕴含优秀文化内涵的英语原版书等阅读资源，配置英语分级阅读读物，创立适宜的英语阅读环境，开展英语角、英语沙龙等形式多样的阅读活动，提升中学生的英语阅读素养。

（二）建立分级英语阅读教育

分级阅读教育是按照青少年的身心发育的特点以及阅读素养发展的水平，分阶段、分层次进行的阅读训练。分级英语阅读的难点和核心之一，即筛选书目。具体来讲，是选什么、怎么选、由谁来选，"选什么"体现中学生的阅读理念，"怎么选"体现中学生的阅读方式，"由谁来选"则体现中学生阅读的权威性和专业性[①]。分级阅读测评体系则是对分级阅读实施的效果进行测评的体系，国内外有较多的分级阅读体系，如蓝思分级法，A—Z分级法（阅读指导分级法），DRA分级法（进阶阅读评价体系），《儿童青少年分级阅读水平评价标准》，等等。

相关链接：蓝思分级法的特点

蓝思分级法是美国国家儿童健康与发展中心指定的分级阅读框架，根据儿童的阅读能力和理解能力制订阅读计划，是美国最具公信力的阅读分级系统。蓝思分级法的特点为：（1）能够对出版物难易程度和读者阅读水平用同一套分值体系进行检测，方便读者了解自己的阅读水平，并据此去寻找难度适宜的读物。（2）分级标准精确，量化，可操作性强，其意义不仅涵盖了"课外阅读"，也是集语言发展、阅读能力、写作能力训练于一体的综合训练工具。

资料来源：姜洪伟．美国阅读分级方式简评及思考［J］．出版发行研究，2010（10）．

（三）培养英语阅读习惯　提高英语阅读素养

兴趣是最好的老师，做好英语阅读，应从培养学生的兴趣入手。应转变传统唯高分论的观念，轻考试，重兴趣，大力提倡中学生自主阅读，按照他们的兴趣爱好和阅读方式来进行英语阅读，培养学生的英语阅读习惯。同时，课堂上增加

---

① 王泉根．新世纪十年"儿童阅读运动"综论［J］．学术界，2016（6）：223–237.

对中西方文化的差异性分析，运用现代信息技术和网络影视作品，吸引学生的兴趣，提高学生的感知能力。开展跨文化的学生活动，增加学生的融入感，加深学生对西方文化的理解。鼓励学生使用英语分析解决问题的能力，尤其是进行思维和表达的能力。公共文化机构如公共图书馆，可以利用文献资源的优势和场地的优势，组织开展英语角等读者活动，与学校、公益性培训机构建立长期合作，邀请专业的英语主讲人为青少年带来全新的英语阅读视角，提升学生的阅读素养。

后　记

　　今年的春节没有了往年的喧闹和喜庆，新冠肺炎疫情肆虐，每天有数不清的疫情信息呈现在我们面前，有让我们揪心的，也有使我们欣慰的，有让人沮丧的，也有振奋人心的，有带给我们坚定信心的，也有徒增恐慌的，有权威报道，也有纯属谣言的说法……在信息爆炸的社会里，普通民众如何做到独立思考，不盲从，不迷失，这是图书馆人一直思考的问题，并为之不懈努力。

　　阅读，尤其是阅读经典，是提升民众信息素养的重要方式。对中学生而言，阅读还能帮助他们增长智慧，扩大知识面，树立正确的人生观、世界观和价值观。

　　本书的编写者大部分是苏州图书馆的工作人员和苏州市教育工作者，他们在日常工作中也多会就中学校图书馆的建设和管理进行交流。苏州是一座崇文的城市，市民热爱阅读，图书馆在城市生活中非常受欢迎，以苏州图书馆为例，每日清晨排长队等待开馆的"盛况"已成为这座千年古城的又一人文之景。队伍中有不少中学生，在图书馆里，他们可以自习、查资料、讨论，还可以做志愿者。公共图书馆提供了与校园图书馆不一样的阅读资源、阅读环境和阅读体验，但是在苏州，公共图书馆与学校图书馆又有着紧密的联系。由于总分馆服务体系建设取得巨大社会效益的重要影响，部分学校在建设校园图书馆时选择了与苏州图书馆合作，大中小学校都有，中学是最为活跃的部分。与中学合作建设校园图书馆有几种模式，比如全委托、半委托和业务指导等，这些模式在正文中进行了阐述，据编者了解，全国其他的一些城市也有类似的尝试和实践，都取得了一定的成效，为推动校园阅读和书香社会建设做出了贡献。本书从我国中学生阅读的发展历史出发，介绍了、收集了一些中外中学生阅读现状的资料，提出了提升中学生阅读能力的途径，认为规范建设和合理利用中学图书馆是促进中学生阅读发展的重要方式，通过学校广播站、电视台、报刊、网络等平台更能营造良好的阅读氛围和激发中学生的阅读兴趣。与此同时，在分析当代中学生阅读时代性和个性的基础上，应编制针对性的推荐书目，本书编者认为对中学生阅读效果的评估也是必要的。

　　本书编写的分工如下：第一讲由苏州教育装备站主任俞建英女士编写；第二讲第一至第三节由苏州图书馆陆秀萍馆员编写，第四节由俞建英女士编写；第三讲由西安交通大学附属中学高中部图书馆馆长韦竞女士编写；第四讲由苏州图书馆杨利清馆员编写；第五讲由苏州图书馆张路漫馆员编写；第六讲由苏州图书馆副馆长费巍博士编写；第七讲由苏州图书馆顾婷婷馆员编写；第八讲由苏州图书馆孔玲燕馆员编写；全书由费巍和孔玲燕统稿。由于作者水平有限，书中难免有错误和不妥之处，恳请批评指正。

费　巍

2020 年 2 月 2 日于苏州